5-7, rue de l'Ecole-Polytechnique, 75005 Paris

http://www.harmattan.fr
diffusion.harmattan@wanadoo.fr
harmattan1@wanadoo.fr

ISBN : 978-2-343-06962-3
EAN : 9782343069623

Mécanisme africain d'évaluation par les pairs

Pr. Edo Kodjo Maurille AGBOBLI

Mécanisme africain d'évaluation par les pairs

Ou la voie africaine de l'émergence

L'Harmattan

DU MÊME AUTEUR AUX ÉDITIONS L'HARMATTAN

Méthodologie de la recherche et initiation à la préparation des mémoires et des thèses, Éditions L'Harmattan, Paris, 2014.

PUBLICATIONS ANTÉRIEURES DU MÊME AUTEUR AILLEURS

1. *Les moyens financiers du développement au Togo*, Les éditions du Togo, ESTEG-UB-Etudes et perspectives, Lomé, 1978.
2. *Histoire des faits économiques et sociaux depuis l'antiquité jusqu'à nos jours*, Éditogo, ESTEG – Université du Bénin – Études et Perspectives, Lomé, 1982.
3. *Géographie et structures économiques de l'Afrique, Nouvelles éditions africaines*, Lomé-Dakar-Abidjan, 1982.
4. *Vingt ans avec le Général EYADEMA 1967-1987 ou l'histoire économique du Togo*, Éditions de TREVISSE, Paris, 1987.
5. *Histoire des faits économiques et sociaux depuis l'antiquité jusqu'à nos jours*, Nouvelles éditions africaines, Lomé, 1994.
6. *Précis des principes et techniques élémentaires de planification*, NEA, Lomé, 1994.
7. *Dynamique de la pensée économique dans l'histoire humaine*, NEA-TOGO, Lomé, 1998.
8. *Petit précis d'économie politique*, Éditions Bognini, Abidjan, 2003.
9. *Evaluations des formations dans l'enseignement supérieur au Togo*, Les éditions Bognini, Abidjan, 2005.

DÉDICACE

Aux dirigeants africains,

Aux responsables des administrations centrales et des collectivités territoriales,

Aux opérateurs économiques du secteur privé,

Aux organisations de la société civile,

Aux communautés universitaires,

Aux populations africaines,

Je dédie cet ouvrage.

À mon cher frère Atsutsè Kokouvi AGBOBLI, parti trop tôt, dans des circonstances non élucidées,

À mon épouse Florence Akoélé Améyovi AGBOBLI, pour son assistance discrète,

À mon fils Pr. Christian Edem Kokou Kevin AGBOBLI, pour sa contribution à l'amélioration de cet opuscule.

SIGNIFICATION DES SIGLES ET ABRÉVIATIONS

AFD : Agence française de développement
AGET : Association des grandes entreprises du Togo
AID : Association internationale pour le développement
APRM : African peer review mecanism
ASS : Afrique sub saharienne
BAD : Banque africaine de développement
BEI : Banque européenne d'investissement
BM : Banque mondiale
CADHP : Commission africaine des droits de l'homme et des peuples
CCEGPF : Comité des Chefs d'État et de Gouvernements participants au Forum
CEA : Commission des Nations unies pour l'Afrique
CEE : Communauté économique européenne
CCIT : Chambre de commerce et d'industrie du Togo
CCUA : Conseil consultatif de l'union africaine
CESC : Conseil économique, social et culturel
CICDD : Centre international pour le commerce et le développement
CNUC : Convention des Nations unies contre la corruption
CNPT : Conseil national du patronat togolais
CPI : Conseil présidentiel pour l'investissement
CPS : Conseil de paix et de sécurité
CU : Commission union africaine
DEA : Diplôme d'études approfondies
DESS : Diplôme d'études supérieures
DU : Doctorat des universités
EAP : Evaluation Africaine par les Pairs
EMRP : Equipe des missions de revues pays
EUROSTAT : Europe statistique
ESF : Epargne sans frontière
FMI : Fonds monétaire international

FED : Fonds européen de développement
GPE : Groupe des personnalités éminentes
HCCI : Haut conseil de la coopération Internationale
IDA : Agence internationale pour le développement
IDI : Investissements directs internationaux
IDE : Investissements directs étrangers
IDH : Indice e développement humain
ITIE : Initiative pour la transparence dans les industries extractives
MAEP : Mécanisme africain d'évaluation par les pairs
MP : Master professionnel
MR : Master de recherche
NAI : Nouvelle initiative de l'Afrique
NTIC : Nouvelles technologies de l'information et de la communication
OCDE : Organisation de coopération et de développement économique
OHADA : Organisation pour l'harmonisation du droit des affaires en Afrique
OING : Organisations internationales non gouvernementales
OMD : Objectifs du millénaire pour le développement
OMC : Organisation mondiale du commerce
ONU : Organisation des Nations unies
OUA : Organisation de l'unité africaine
PAA : Plan d'action pour l'Afrique
PACST : Plan d'action constitutif des sciences et techniques
PDDAA : Programme détaillé du développement de l'agriculture en Afrique
PME : Petites et moyennes entreprises
PMPRA : Partenariat du millénaire pour le programme de redressement de l'Afrique
PNUD : Programme des nations unies pour le développement
PO : Plan oméga
RDM : le Reste du monde
STN : Société transnationale
SMN : Société multinationale
PAD programme d'action
PPA : Parlement panafricain
PIB : Produit intérieur brut
SIDA : Syndrome de l'immunodéficience acquise
UA : Union africaine
UE : Unité d'enseignement
UNESCO : Organisation des Nations unies pour l'éducation, la science et la culture

AVANT-PROPOS

Depuis le XXe siècle, les relations économiques internationales se sont développées en imposant aux nations des règles de jeux issus d'ententes réalisées entre les puissances qui ont gagné les Première et Deuxième guerres mondiales.

Les révolutions scientifiques et techniques qui donnèrent l'impulsion à l'économie industrielle, ont permis l'évolution économique des espaces géographiques constitués et la transformation des conditions de vie des communautés humaines. Parallèlement, le monde non exploré ou inconnu s'est rétréci.

La nouvelle philosophie économique qui gouverne les relations économiques internationales veut que tous les pays parviennent à la maîtrise de la croissance économique ou s'assurent un développement harmonieux tant de l'être humain que de son cadre de vie.

Cependant, malgré les efforts des dirigeants politiques des nations, une grande disparité se constate dans l'évolution des pays. S'y côtoient des pays riches et des pays pauvres, des pays industriels et des pays non industriels, des pays à croissance économique rapide et des pays à croissance économique lente, des pays très endettés et des pays à revenus financiers substantiels, etc.

Les stratégies de croissance suivies comme les modèles de développement appliqués çà et là n'ont pas permis de réduire les écarts de niveaux de développement entre pays, d'éliminer la pauvreté généralisée, de faire diminuer les disparités de revenus entre les différentes couches sociales et de faire reculer le chômage.

La permanence de cette situation continue à nourrir les tensions sociales au sein des espaces nationaux, à entretenir les conflits armés, dont certaines puissances conquérantes et dominatrices tirent largement profit du fait de leur égoïsme et de leur cupidité.

La seule solution susceptible d'éviter un embrasement généralisé comme le XXe siècle en a fait l'expérience est de créer dans chaque espace géographique constitué, les conditions minimales de croissance économique pour faire reculer les frontières de la pauvreté et assurer une meilleure condition de vie aux populations.

Dans le contexte africain, une expérience spécifique a été mise en place. Il s'agit du mécanisme africain d'évaluation par les pairs (MAEP) créé par l'Union Africaine (UA).

Le but de cet opuscule est donc d'analyser les contours de ce mécanisme et de le faire connaître aux futures compétences nationales. Encore ignoré par la plupart de citoyens africains, il est important que les futures compétences nationales servent de vulgarisateurs ou diffuseurs potentiels du MAEP auprès des administrateurs, des gestionnaires, des opérateurs économiques et surtout de l'opinion publique.

Nous considérons que les futures compétences nationales sont les étudiants des universités et les élèves des grandes écoles, bref, la future élite africaine. Celle-ci doit connaître les contours et les défis entourant le MAEP.

Cet opuscule peut aussi intéresser tout chercheur ou analyste préoccupé par les problèmes de croissance économique, de développement et d'émergence dans la gestion des espaces géographiques constitués en vue d'organiser la vie en société.

L'ouvrage s'adresse également aux décideurs et responsables politiques (qu'ils soient au pouvoir ou dans l'opposition), aux administrateurs des services publics et aux opérateurs économiques. Il leur permettra de saisir les nuances de l'environnement économique actuel afin de mieux s'adapter aux mutations actuellement en cours.

La compréhension du MAEP requiert, pour ceux qui vont s'y intéresser, une parfaite connaissance de l'histoire universelle, de l'histoire économique, de l'histoire de la pensée économique, de l'histoire des institutions publiques, des principes directeurs des relations économiques internationales, de la sociologie des peuples.

Axé sur le développement de l'Afrique et favorisant certaines situations concrètes, le contenu de l'ouvrage répond à différentes attentes. Ainsi, les annexes fournissent des éléments d'exercices pratiques pour permettre une assimilation plus aisée des contours du mécanisme.

Les références bibliographiques sont inspirées d'auteurs ayant écrit des ouvrages ou des articles orientés spécifiquement sur le MAEP. En raison du caractère récent des recherches sur le MAEP, les publications de l'Union africaine et de l'Union européenne à travers les actes des conférences organisées ont été les sources d'inspiration privilégiées.

Enfin, pour mieux se coller à la réalité, les rapports réguliers des pays ayant adhéré au MAEP, tout comme les analyses des organes créés pour l'organisation et le fonctionnement du mécanisme ont été consultés.

INTRODUCTION GÉNÉRALE

Aujourd'hui continent supposé à la traîne en raison des vicissitudes de l'histoire, l'Afrique a une histoire qu'il faut s'ingénier à rappeler afin de faire démentir ceux qui croient et pensent toujours qu'ils peuvent falsifier l'histoire des peuples africains pour valoriser les leurs en ignorant que tous les peuples sont de couleurs : noire, rouge, jaune, blanche dont les croisements donneront des couleurs basanées ou métisses.

Le continent africain est longtemps demeuré une terre inconnue que les chercheurs anthropologues blancs ont toujours ignorée et minimisée dans son apport déterminant à la civilisation de l'universel. Richet, prix Nobel de médecine en 1913 pour ses travaux sur l'anaphylaxie écrivait dans l'homme stupide publié en 1919[1] :

> « Voici à peu près trente mille ans qu'il y a des noirs en Afrique et ils n'ont pas pu aboutir à rien qui les élève au-dessus des singes.
>
> ...
>
> Les nègres continuent, même au milieu des blancs, à vivre une existence végétative, sans rien produire que de l'acide carbonique et de l'urée.
>
> Crédules, obscènes, paresseux, menteurs, ils déshonorent l'espèce humaine ».

Une vérité scientifique et historique fut rétablie par l'égyptologue français Volney qui rappelait que l'esclavage récent du nègre avait rendu amnésique la mémoire de l'humanité à l'égard du passé de ce peuple.

---

[1] Richet Charles, « L'homme stupide », in *Jeune Afrique* n° 2826 du 08 au 14 mars 2015, Paris, p. 17.

Il n'est donc pas étonnant de comprendre les analyses de Diop[2] qui, se fondant sur les données de la chronologie absolue de l'anthropologie physique et de l'archéologie préhistorique, en arrive à la conclusion que :

« ... Ainsi l'impérialisme, tel le chasseur de la préhistoire, tue d'abord spirituellement et culturellement l'être, avant de chercher à l'éliminer physiquement. La négation de l'histoire et des réalisations intellectuelles des peuples africains noirs est le meurtre culturel, mental, qui a déjà précédé et préparé le génocide ici et là dans le monde...

Il est reconnu qu'un anthropologue partial peut blanchir un nègre ou "négroïdiser" un leucoderme par une interprétation tendancieuse et d'analyses partielles bien choisies...

L'Egypte jouera, dans la culture africaine repensée et rénovée, le même rôle que les antiquités gréco-latines dans la culture occidentale...

L'Afrique est le berceau de l'humanité à la fois au stade de l'*homo erectus* et à celui de l'*homo sapiens sapiens.* »

Le retard de croissance de l'Afrique actuelle trouve son origine dans d'autres facteurs qu'Amin[3] a analysés dans son ouvrage sur l'accumulation à l'échelle mondiale dont la philosophie économique est la spécialisation des pays dans la production, l'exportation et la commercialisation des matières primaires.

Les chercheurs africains se sont donc interrogés sur la meilleure manière de parvenir à réinscrire le continent africain dans la dynamique historique mondiale pour qu'il parvienne à un niveau de développement durable et irréversible.

Les décideurs politiques et certains analystes africains ont pensé que la mise en place d'un mécanisme approprié pourrait permettre d'y parvenir et se sont employés à y tendre à travers les structures existantes d'institutions supranationales comme l'Union Africaine (UA).

La problématique posée à travers le mécanisme africain d'évaluation par les pairs vise la question générale de l'atteinte du développement de l'Afrique en regard de sa situation actuelle.

---

[2] Diop Cheikh Anta, *Civilisation et barbarie*, Présence africaine, Paris, 1981, pp. 9-16.

[3] Amin Samir, *L'accumulation à l'échelle mondiale*, Editions Athropos, Dakar, 1970.

Quatre éléments interviennent ici : mécanisme, évaluation et pairs (éléments explicites) et développement (élément implicite) dont l'agencement devrait permettre de trouver une solution aux préoccupations actuelles du continent africain. Ainsi, en dehors de la finalité recherchée dans le processus de croissance endogène qui a été analysée plus haut, l'analyse du contenu du MAEP s'apprécie dans les lignes suivantes.

Les sous-entendus du mécanisme ou la priorisation recherche du développement

L'Afrique de l'économie contemporaine souhaite s'inscrire dans la même dynamique de développement que les autres continents en vue de faire face aux besoins fondamentaux de sa population dont l'accroissement demeure élevé. En comparant les statistiques de superficie et de démographie des continents telles qu'elles ressortent du tableau ci-dessous[4] :

Continents	Superficie	Population	Rang mondial de développement
Afrique	30.310.000 km²	1 milliards/ha	5e
Amérique	42.000.000 km²	0,930 milliards	1er
Asie	44.000.000 km²	4,4 milliards	3e
Europe	10.500.000 km²	731 millions/ha	2e
Océanie	9.000.000 km²	35 millions/ha	4e
Total	135.810.000 km²	7,096 milliards/ha	-

Il apparaît que le continent africain, malgré son importance en superficie et démographie occupe la dernière place dans le processus de croissance économique et de développement. Même si les récentes données annoncées par les institutions financières internationales notamment le Fonds Monétaire International (FMI) et la Banque Mondiale (BM) en 2014 placent l'Asie avec la Chine à la première place dans l'économie mondiale, les autres continents se décalent avec l'Amérique à la deuxième place, l'Europe à la troisième place,

[4] Etablies par l'auteur à partir des données de 2011 fournies par les publications des Nations unies et in Agbobli Edo K M., *Histoire des faits économiques et sociaux*, Editions NEA, Lomé-Abidjan-Dakar, 1994.

l'Océanie à la quatrième place et l'Afrique demeure le dernier du peloton.

Une des stratégies choisies pour remédier à cette situation se trouve être un mécanisme.

La signification du mécanisme

Aucune croissance économique ni aucun développement ne peut s'effectuer sans un mode opératoire ni un outil ou instrument approprié. Le mécanisme, selon Larousse[5], constitue un mode de fonctionnement d'un ensemble d'éléments dépendant les uns des autres.

Du point de vue philosophique, il représente la conception selon laquelle l'ensemble des phénomènes naturels s'explique par les seules lois de cause à effet. Lorsqu'on constate les manifestations d'un phénomène, il faut en rechercher les causes, les origines de façon que leur circoncision en facilite l'élimination.

L'application d'un mécanisme va alors nécessiter l'identification de tous les facteurs agissant comme éléments perturbants d'un processus auxquels il faut remédier ou qu'il faut éliminer pour voir apparaître les éléments non perturbateurs ou favorables. Le mécanisme est ainsi un levier composé d'éléments divers ajustables selon les circonstances. En économie, il regroupe divers indicateurs ou paramètres d'appréciation au service du décideur, de l'administrateur ou du gestionnaire des espaces géographiques constitués.

L'évaluation du phénomène

Le mécanisme s'applique au phénomène pour lequel un état est recherché. L'état est donc assimilé à la vision que l'on se fait du phénomène qui ne peut se concevoir sans données précises servant de références. Si la croissance économique ou le développement est l'idéal poursuivi, des indicateurs, des indices ou des paramètres doivent pouvoir le caractériser et l'évaluation de ces derniers constitueront des critères d'appréciation.

[5] Académie française, *Le Petit Larousse*, éditions HER, Paris, 1999, p. 638

L'évaluation constitue, dès lors, selon Legendre [6] à :

« la formulation, dans un but bien déterminé, de jugements sur la valeur de certaines idées, travaux, situations, méthodes, matériels...ou le jugement ou l'interprétation que l'on donne de la qualité ou de la valeur de l'objet étudié, dans une perspective opérationnelle de prise de décision »

Dans ces circonstances, la recherche du développement durable ou d'une croissance économique endogène pour un espace donné doit s'inscrire dans une démarche qui conduit à un jugement et à la prise de décision sur la valeur du processus choisi ; cette démarche compare les caractéristiques observables à des normes établies, à partir de critères explicites en vue de fournir des données utiles à la prise de décision.

L'évaluation peut être soit continue, créative, critériée (normative) et critérielle (synthétique/cyclique), formative, de performance, développementale, diagnostique, formelle, globale, informelle, institutionnelle, ponctuelle, sanctionnelle, spécifique, sommative, etc. Elle demeure à la libre appréciation de l'autorité décisionnelle.

L'autorité décisionnelle : les pairs

Le mécanisme à mettre en place dans le contexte africain pour enclencher le processus de croissance économique ou de développement dépend du Chef de l'État ou du Président de la République élu de façon libre, transparente et démocratique dans son pays. Il jouit de mêmes prérogatives que ceux qui dans son espace géographique remplissent les mêmes conditions d'éligibilité.

Les autorités investies dans les mêmes conditions, jouissant de la même autorité et ayant les mêmes privilèges sont considérées comme des pairs, car ils participent à rang égal aux travaux d'institutions supranationales mises en place dans le cadre de la coopération multilatérale.

Dans la diplomatie internationale sont considérés comme des pairs des Chefs d'Etat ou de gouvernement siégeant dans la même institution ou des personnalités de rang identique œuvrant pour une mission déterminée ou agissant pour la même cause. Leur soutien peut être

---

[6] Legendre Rénald, *Dictionnaire actuel de l'éducation. Le défi éducatif*, Guérin et Eska (Editeurs), Montréal/Paris, 1993, pp. 573- 587.

réciproque en défendant soit les mêmes intérêts ou les mêmes causes ou en partageant les mêmes convictions.

Forts de ce principe et désireux de sortir le continent de son état de sous-développement, les décideurs politiques africains ont convenu de la mise en place d'un mécanisme d'évaluation des pairs en déterminant ses objectifs et buts, en délimitant ses contours, en déterminant ses modalités de mise en œuvre et en identifiant les ressources ou moyens potentiels de financement.

Notre réflexion sera menée sous trois (3) volets spécifiques du MAEP :

- le cadre de mise en œuvre,
- l'organisation et le fonctionnement,
- l'évaluation de l'action entreprise.

PREMIÈRE PARTIE

CADRE DE MISE EN ŒUVRE

Créée par la volonté des décideurs politiques qui recherchent les voies et moyens susceptibles de résoudre les innombrables problèmes qui se posent à leurs populations, le MAEP se déroule dans le contexte spécifiquement africain.

L'Afrique, qui constitue le berceau de l'humanité s'interroge sur sa destinée et la place qui doit lui revenir en tant qu'ancêtre des espaces géographiques constitués et zone de naissance des premières activités humaines.

Sa position sur l'ensemble de la planète, selon July[7], rend sa place significative comme fait unique pour les grandes masses continentales du monde, à cheval sur l'équateur. Ses extrémités sud et nord, constate cet auteur, s'en trouvent en effet à peu près équidistantes (37°21'de latitude N. et 34°51'de latitude S.) et les quatre cinquièmes de sa superficie – environ 24 millions de km² sont situés entre les tropiques du Cancer et du Capricorne.

Son histoire remonte à l'antiquité avec l'Egypte ancienne qui connut la révolution agricole. Elle intégra plus tard à l'époque médiévale et préindustrielle : les états de l'ouest et du centre du Soudan avec les empires soudanais, les royaumes du Ghana et du Mali, l'empire Songhaï ; le monde cosmopolite de l'Afrique de l'Est avec ses états – cités, la suzeraineté d'Omani, l'Ethiopie et le Soudan oriental ; la civilisation de la forêt ouest-africaine avec les cités d'Ife et d'Oyo, le royaume du Dahomey, les états akans d'Ashantis de Fanti ; les

[7] Robert W. July, *Histoire des peuples d'Afrique*, Nouveaux horizons – Tome 1, Paris, 1977, pp. 1-2.

grandes migrations avec la civilisation Zimbabwéenne et la culture Bantoue.

L'époque contemporaine telle que la constate July[8] ouvrit l'espace africain à la pénétration extérieure où la religion joua un rôle déterminant dans un premier temps (islamisation du soudan de l'Ouest et du Centre, du Soudan du Sud) suivi par l'impérialisme occidental associé au prosélytisme religieux des confessions catholique et anglicane qui favorisèrent les colonisations en Afrique australe, occidentale, centrale et orientale.

Après la traite des noirs et le commerce triangulaire de l'ère industrielle, l'éveil au nationalisme des peuples africains n'a pas masqué les convoitises extérieures des puissances dominatrices, d'après July[9], à la recherche d'espace vital comme zone de repli en cas de conflits armés ou d'espace d'écoulement des produits manufacturés et de réserves de matières premières.

Les deux guerres mondiales (1914-1918/1939-1945) ont réveillé la conscience des peuples et de territoires sous domination coloniale dont les dirigeants aspiraient à partir du milieu du XXe siècle à la liberté et à la jouissance des attributs de la souveraineté internationale.

Que ce soit par des négociations directes (octroi de la souveraineté par entente) ou des luttes de libérations nationales (conflits armés), les indépendances devinrent une réalité durant la seconde moitié du XXe siècle. July[10] constate qu'en fait cette évolution ne changea rien aux conditions économiques africaines et que les populations continuaient de vivre sous le seuil de la pauvreté.

Ainsi près de soixante (60) ans après l'accession de tous les pays africains à la souveraineté internationale aucun pays n'a réellement émergé même s'il se constate quelques îlots de prospérité et des zones de relative croissance économique.

Le choix du MAEP par les pairs de l'UA devient alors une nécessité et une stratégie incontournable dont il faut analyser le contexte d'application et étudier les fondements ou principes directeurs.

---

[8] Robert W. July, *Histoire des peuples d'Afrique*, Nouveaux horizons – Tome 2, Paris, 1977.

[9] Robert W. July, *Histoire des peuples d'Afrique*, Nouveaux horizons – Tome 3, Paris, 1977.

[10] July Robert W., *Histoire des peuples d'Afrique*, Nouveaux horizons – Tome 4, Paris, 1977.

CHAPITRE PREMIER

Contexte d'application du mécanisme

Amorcer le processus de croissance économique ou de développement d'une entité spatiale nécessite la prise en compte d'un certain nombre de préalables. La science du développement dans les techniques de planification les récapitule comme suit : l'existence d'un espace géographique constitué (territoire) ; la définition d'une vision (idéal poursuivi) ; la disponibilité des potentialités (ressources naturelles) ; la présence de communautés humaines (ressources démographiques) ; la création et la mise en place d'institutions (structures de gestion des l'activité économique) ; la mise en œuvre d'instruments opérationnels (techniques sectorielles adaptées).

Ces éléments préalables subissent les épreuves du temps et, tout en s'adaptant aux aléas conjoncturels, s'inscrivent le plus souvent dans une dynamique structurelle de telle sorte qu'ils impriment à l'action économique et sociale l'orientation souhaitée.

Les influences diverses que subissent leurs indices précurseurs tant contextuels que conjoncturels conditionnent ou expliquent la situation de l'espace qui évoluera selon la mise en valeur des ressources, l'acquisition des connaissances des acteurs, la croissance de la population, la dynamique institutionnelle et la technologie utilisée.

L'Afrique, pour pouvoir remplir les conditions d'une émergence durable doit pouvoir tenir compte de plusieurs préalables dont ceux susmentionnés qui ne sont ni exclusifs ni exhaustifs, mais que les autorités politiques doivent faire évoluer vers l'idéal poursuivi. Pour ce faire, ces autorités doivent se donner les moyens de réalisation de l'émergence en disposant d'outils de suivi et de contrôle que les développementalistes placent de nos jours sous le vocable de suivi évaluation.

Le continent africain qui suivait son propre cheminement s'est vu bloqué dans l'atteinte de son idéal par le choix d'un autre mode de développement, de par la volonté de puissances extérieures ; ce mode est celui du développement du capitalisme à l'échelle mondiale qui insère ces pays dans un rapport entre périphéries et centres, comme le souligne des économistes comme Amin[11].

Ainsi, l'Afrique de l'époque contemporaine c'est-à-dire l'Afrique de la société industrielle, l'Afrique du XXIe siècle se cherche et recherche les voies et moyens par lesquels elle peut rattraper le retard par rapport aux autres continents et participer valablement au jeu des échanges mondiaux. Les règles déterminées par ces derniers dans les relations économiques internationales se fondent sur la philosophie économique de la pensée unique : libre échange et marché planétaire.

L'état de divers indicateurs du développement durable dans l'espace africain explique cette aspiration des décideurs politiques au progrès dans un environnement qui se veut plus technologique en motivant le choix du mécanisme adapté aux circonstances.

1.1. Les difficiles conditions économiques africaines

Le continent africain évolue dans un environnement économique sur lequel il n'a pas d'emprise, car les décisions prises pour la gestion de ce dernier lui échappe ou sont l'œuvre d'acteurs extérieurs. Il subit donc les influences de décideurs non africains dont l'ambition est le contrôle de l'appareil économique mondial.

Toute action de croissance économique ou tout acte de développement s'effectue à partir de l'appréciation des conditions environnantes où apparaissent les agrégats dont on a besoin pour initier des projets et programmes ou pour mettre en place des structures et des institutions d'accompagnement du processus.

Si l'environnement est favorable, le processus se trouve avantagé, mais dans le cas contraire, le processus se trouve désavantagé. L'Afrique qui souhaite jouer dans le concert des nations est face à cette contrainte après la longue période de domination extérieure qu'elle a connue jusqu'au milieu du XXe siècle et même après l'indépendance acquise au cours de la décennie 1960.

[11] Amin, op. cit.

L'environnement dans lequel elle est amenée à opérer se présente alors très incertain avec le constat de l'échange inégal entre nations. Ce dernier est observé par la détérioration des termes de l'échange, l'apparition de crise de l'énergie et des matières premières, la persistance d'une inflation à plusieurs variables, le recours à l'endettement suite à l'amenuisement des ressources aux fins de croissance économique ou de développement.

Les données des échanges à travers le commerce (importations et exportations), la circulation des biens et services souffrant de la réglementation de politique économique (politique de changes, protectionnisme, barrières tarifaires à spécificité de clauses), la recherche des ressources de financement de l'action économique (politique monétaire, aide au développement) constituent des leviers sur lesquels les autorités compteront.

Malheureusement leur liberté d'action souffre des pesanteurs héritées de l'époque coloniale et des décisions prises par les puissances colonisatrices au moment de l'octroi des indépendances. Cette tutelle s'est imposée pour mieux contrôler l'évolution future dans laquelle les nouveaux Etats veulent demeurer les acteurs privilégiés pour la défense de leurs intérêts. Les regroupements d'Etats et le contrôle de l'instrument monétaire dans des communautés financières ou zones monétaires sont destinés à cette fin.

Les difficiles conditions économiques africaines apparaissent donc durant la deuxième moitié du XXe siècle à travers l'état des indicateurs suivants : le taux de croissance démographique, le taux de croissance du produit intérieur brut par habitant, le taux annuel d'inflation, le taux d'alphabétisation, l'espérance de vie à la naissance, l'indice moyen de production alimentaire, etc.

En effet, d'après les statistiques publiées par les diverses institutions de l'Organisation des Nations unies (ONU), depuis la décennie 1960, les agrégats évoluant en défaveur de l'Afrique sont nombreux dont les plus importantes s'analysent dans les lignes qui suivent.

Les diverses appréciations de l'état cumulé des conditions économiques africaines révèlent des situations inquiétantes qu'il s'agisse du niveau des ressources humaines, de l'activité économique, de l'action sociale.

1.1.1. Les ressources démographiques

Pour amorcer un processus conséquent de croissance économique ou de développement durable il faut maîtriser l'indicateur de ressources humaines dont l'évolution doit tenir compte de certains critères comme la production des biens alimentaires destinées aux consommateurs ou communautés humaines, le niveau des compétences à travers l'instruction et la formation technique et professionnelle, l'amélioration de l'espérance de vie, l'accès aux équipements collectifs de base (eau/électricité/soins primaires de santé/logements/transports).

A partir de la seconde moitié du XXe siècle, il se constate en Afrique, sur plus d'un demi-siècle, du point de vue des données de population :

- une augmentation sensible de la population dont le taux d'accroissement dépasse en moyenne 2,5 % alors que la plupart des pays industriels ont achevé leur transition démographique ;
- un faible niveau de développement des compétences avec la non-généralisation de l'instruction primaire, de l'enseignement secondaire et de la formation technique et professionnelle ;
- une lente amélioration de l'espérance de vie du fait des difficiles conditions de vie alimentaires et sanitaires. L'environnement insalubre occasionne des maladies de toutes sortes qui annihilent les efforts entrepris (paludisme ; sida ; fièvre à virus Ebola).

En effet, selon Alternatives économiques[12], l'Afrique n'est pas frappée par une mystérieuse malédiction, mais souffre de problèmes bien réels qui parfois se révèlent de véritables fléaux. Le taux de croissance de la population de l'Afrique subsaharienne est le plus élevé du monde puisqu'elle croît du point de vue démographique de 2,7 % par an depuis vingt ans. Et il n'y a pas de perspective de ralentissement à court terme, même si la natalité commence à baisser dans certains pays (Ghana, Sénégal, par exemple).

Cela dit, si on exclut certaines régions, et notamment celle des Grands Lacs, l'Afrique n'est pas un continent surpeuplé. Les famines apparues ici ou là sont moins liées au manque de terres qu'aux guerres

---

12 *Alternatives économiques*, n° 152 – octobre, Paris, 1997.

civiles ou au développement excessif des cultures d'exportation au détriment des cultures vivrières.

La rapide croissance de la population, comme le soulignent certains auteurs et organisations internationales ne facilite pas le développement de services d'éducation et de santé à la hauteur des besoins[13].

De plus, l'Afrique a aujourd'hui environ 1,1 milliards d'habitants. Alors que sa population a doublé depuis 1990, en comparaison, celle de l'Europe n'a augmenté que de 15 % durant la même période.

Par ailleurs, des Africains ont quitté l'Afrique pour émigrer, en particulier vers l'Europe du fait de l'accroissement de la population. Certains démographes estiment que cette croissance démographique est due à une forte natalité et à une mortalité élevée quoiqu'en baisse importante.

Cette augmentation de la population a des conséquences importantes à plusieurs niveaux notamment :

- l'agriculture (la production agricole est insuffisante pour nourrir plus de personnes, les personnes sous-alimentées ou mal nourries),
- le système éducatif (l'insuffisance des moyens financiers pour l'équipement et le fonctionnement du système),
- la population active qui souffre de l'accès limité au marché de l'emploi, de la lenteur de compensation du développement de l'industrie ou des services, de la concurrence des produits agricoles importés des pays développés empêchant la promotion de l'agriculture traditionnelle.

Dans l'appréciation du développement des ressources démographiques, l'indicateur objectif auquel on se réfère est l'espérance de vie qui permet à chaque pays d'estimer la probabilité de survie ainsi que le potentiel de santé de ses habitants[14]. La situation africaine à ce niveau ne prédispose pas à l'optimisme puisqu'elle laisse apparaître sur une longue période une stagnation.

---

[13] http://www.alternatives-economiques.fr/afrique---la-croissance-démographique_fr_art_107_10547.html

[14] Selon nous, cet indicateur de l'espérance de vie devrait également prendre en compte une dimension micro dans laquelle un individu partout où il se trouve saura s'il vit plus longtemps et mieux.

En effet, selon les dernières statistiques onusiennes[15],

> « ...en se focalisant sur les zones géographiques, l'écart actuel apparaît plus important encore. Les espérances de vie les plus faibles se trouvent en Afrique subsaharienne (52,9 ans) et en Afrique australe (51,9 ans). A l'opposé, les populations d'Europe de l'Ouest et d'Amérique du Nord ont les espérances de vie les plus longues (respectivement 80,2 et 78,4 ans). Il y a donc près de 30 années d'écart entre ces deux extrêmes ! »

Il existe cependant des disparités entre les régions africaines puisque l'Afrique subsaharienne et l'Afrique australe se trouvent aujourd'hui au même stade, mais l'évolution de leur espérance de vie diffère fortement.

En Afrique subsaharienne, l'espérance de vie a nettement progressé : au début des années 1950, elle était de 36,2 ans, de 52,9 ans en 2010, soit une augmentation de 16,7 années. En Afrique du Nord, cette espérance de vie est de 63,3 en 2010 alors qu'au début des années 1950 elle est de 42,4 soit une augmentation de 15,9. La situation est à l'amélioration dans l'ensemble africain.

Ce progrès s'est toutefois considérablement ralenti à partir des années 1980 : estimée alors à 48,3 ans, elle n'a gagné que 4,7 ans depuis. L'apparition du Sida explique notamment cette faible évolution. Mais la situation est encore bien pire en Afrique australe. Au début des années 1950, sa population présentait une espérance de vie de 44,7 ans, à peu près équivalente à la moyenne mondiale (46,6 ans). En un demi-siècle, l'espérance de vie a progressé de seulement 7,2 ans... et accuse un écart de 16,8 ans avec la moyenne mondiale actuelle.

Depuis le début des années 1990, l'espérance de vie y a même diminué de 10 ans. Dans certains pays, l'importance du virus du Sida avait été relativisée par le pouvoir politique, notamment en Afrique du Sud ou au Botswana, et aucun effort de pédagogie n'avait été développé. Les chiffres de l'espérance de vie laissent pourtant entrevoir les conséquences dramatiques de cette maladie.

L'Afrique pour espérer amorcer un processus durable de croissance endogène doit trouver une solution durable à l'amélioration de l'espérance de vie. En témoignent les données du tableau onusien sui-

---

[15] Nations unies, *Espérance de vie à la naissance dans le monde*, Division population, Publication ONU, Washington, 2010.S : Nations Unies - Division population ou : Nations Unies - Division population

vant retraçant l'évolution de l'espérance de vie dans le monde depuis le milieu du XXᵉ siècle.

Espérance de vie à la naissance dans le monde (par grande région, en années)								
	1950 - 1955	1960 - 1965	1970 - 1975	1980 - 1985	1990 - 1995	2000 - 2005	2005 - 2010	Evolution 1950-2010
Europe	63,6	69,2	70,6	71,6	72,6	73,8	75,3	11,7
- Europe de l'Ouest	67,7	70,5	71,8	74,2	76,5	78,9	80,2	12,5
- Europe de l'Est	60,3	68,4	69,2	68,7	68,3	67,9	69,5	9,2
Amérique du Nord	68,6	70,2	71,4	74,5	75,8	77,4	78,4	9,8
Amérique latine et Caraïbes	51,4	56,9	61,0	65,2	68,9	72,1	73,4	22,0
Asie	42,2	46,3	57,7	62,1	65,4	68,8	70,3	28,1
- Asie de l'Est	46,2	46,5	65,3	68,6	71,0	74,5	75,5	29,3
- Asie du Sud	37,0	44,0	50,2	56,0	59,9	63,7	65,5	28,5
- Asie du Sud-est	44,0	51,3	55,9	61,7	65,9	68,9	70,3	26,3
- Asie centrale du Sud	37,4	44,5	50,7	56,4	60,1	63,8	65,5	28,1
- Asie de l'Ouest	42,6	50,2	57,1	62,6	67,5	71,1	72,2	29,6
Océanie	60,4	63,9	66,4	70,2	72,5	75,3	76,8	16,4
Afrique	37,4	42,3	46,5	50,6	51,7	52,9	55,6	18,2
- Afrique du Nord	42,4	48,6	53,2	59,9	64,6	67,2	68,3	25,9
- Afrique australe	44,7	49,7	53,5	58,3	62,0	52,2	51,9	7,2
- Afrique sub-saharienne	36,2	40,7	44,7	48,3	48,9	50,0	52,9	16,7
Pays développés	64,7	69,4	71,1	72,8	74,1	75,6	76,9	12,2
Pays les moins développés	41,6	46,0	55,8	60,0	62,7	65,3	67,0	25,4
Monde	46,9	51,1	58,8	62,4	64,8	67,1	68,7	21,8
Source : Nations Unies - Division population								

Au niveau du développement des compétences, point n'est besoin de rappeler qu'il n'y a pas d'amorce de croissance économique ni de développement durable sans renforcement des compétences tous secteurs confondus : primaire, secondaire, tertiaire.

Mais surtout un espace géographique n'évolue que réellement adapté aux conditions environnantes actuelles qui prévalent. A ce titre, il est apprécié à travers le taux de pénétration du secteur des nouvelles technologies de l'information et de la communication (NTIC). L'accroissement démographique peut permettre de disposer de compétences nouvelles d'où proviendront des spécialistes en technologies nouvelles.

Or, l'Afrique à ce niveau brille par son retard dans la couverture du savoir scientifique, de la technologie adaptée, des innovations technologiques, de transferts des techniques. Elle dispose d'un nombre insuffisant de chercheurs, d'un nombre limité de laboratoires de recherche, de rares brevets d'invention et de droits de propriété intellectuelle enregistrés après de l'organisation mondiale de la propriété intellectuelle. C'est pourquoi l'ONU[16] considère que :

> « ... la plupart des gouvernements estiment qu'investir dans le savoir et les compétences constitue la pierre angulaire du développement d'une main-d'œuvre mondialement compétitive et apte au travail. La présence d'une main-d'œuvre compétente et bien formée améliore le climat des investissements et constitue un puissant vecteur de productivité et de compétitivité à l'international. Si les stratégies de développement des ressources humaines des pays africains cherchent à favoriser l'acquisition de compétences à tous les niveaux du bas en haut de l'échelle, chaque pays doit néanmoins mettre en valeur l'éventail de compétences qui correspond le mieux à son développement économique et aux besoins du marché du travail local. L'Afrique du Sud et la plupart des pays d'Afrique du Nord doivent ainsi déployer des approches globales du développement des compétences afin d'augmenter la productivité du secteur formel – qui peut être hautement intensif en capital – tout en élargissant les perspectives d'emploi pour les moins qualifiés ».

1.1.2. La faiblesse de l'activité économique

Le moteur de la croissance est l'activité économique qui doit en principe se traduire par une augmentation régulière, permanente et durable de la production globale, du produit intérieur brut par habitant, de l'indice moyen de production alimentaire, du renforcement du tissu industriel par le développement des petites et moyennes entreprises et de petites et moyennes industries.

Si l'on se réfère à la période post coloniale de l'Afrique, il apparaît selon les données de la Banque mondiale que les tendances de la

[16] CEA, *Perspectives africaines*, Publications des Nations unies, Washington, 2014.

croissance en Afrique se polarisent autour des problèmes structurels et du manque de confiance des investisseurs qui ont poussé au ralentissement de la croissance.

Cette dernière, forte les premières années de l'indépendance par suite de l'amélioration des prix de matières premières agricoles et de l'augmentation du cours des produits pétroliers et miniers, est devenue faible par suite du changement de conjoncture et de la manifestation de certaines crises financières et agricoles.

Cependant, avec la bonne gouvernance pratiquée depuis l'application des programmes d'ajustement structurel, le taux de croissance de l'économie africaine à travers le PIB auparavant inférieur à 5 % se situe aujourd'hui au-delà de 5 % faisant de la zone Afrique l'une des locomotives de l'économie mondiale derrière les économies asiatiques qui ont cependant vu baisser leurs taux de croissance de façon tendancielle.

Ceci a été rendu possible grâce à l'augmentation de la production de certains produits alimentaires et de rente, à l'accroissement des investissements publics dans les infrastructures (routes /ports / aéroports/ ponts), le développement des industries extractives, la mise en valeur des de ressources naturelles et surtout l'amélioration des services. L'agriculture a été dans l'ensemble revalorisée permettant à Punam Chuhan-Pole[17], économiste principale à la Banque mondiale, de dire que :

> « La bonne nouvelle, c'est qu'en Afrique la croissance de l'agriculture et des services a davantage contribué à réduire la pauvreté que la croissance de l'industrie. Dans le reste du monde, on constate, en revanche, une plus forte contribution de l'industrie et des services à la baisse de la pauvreté. »

Pour cette experte entre 1996 et 2001 la croissance par habitant dans les services s'est élevée à 2,6 % en moyenne, contre 0,9 % dans l'agriculture et 1,7 % dans l'industrie. Elle ajoute que le modèle de croissance et de transformation économique de l'Afrique a un impact important sur la réduction de la pauvreté : augmenter la productivité agricole et encourager la diversification des revenus dans les zones rurales (en libérant une partie de la main-d'œuvre agricole) conduit à des transformations structurelles susceptibles de réduire la pauvreté.

---

[17] Chuhan-Pole Punam, *Yes Africa Can: Success Stories from a Dynamic Continent, World Bank, Wahsington 2014.*

Enfin, le rapport souligne que « si l'industrie manufacturière n'est pas la panacée, il faut toutefois que l'Afrique développe sa base industrielle. L'ensemble des secteurs tireraient parti de meilleurs fondamentaux : climat des affaires favorable, stabilité macroéconomique, accès à une énergie fiable et bon marché, transports moins coûteux et main-d'œuvre plus qualifiée. »

1.1.3. Les précaires conditions sociales

L'un des buts de la croissance endogène ou du développement économique durable des nations est d'assurer le mieux-être des populations se traduisant par un niveau de vie décent en constante amélioration, la disponibilité des services sociaux de base, la pratique de la justice sociale dans le respect de l'équité genre, la sauvegarde et la protection de l'environnement, etc.

La seconde moitié du XXe siècle et surtout depuis le dernier quart du XXe siècle ont montré une aggravation des tensions sociales entre les différentes catégories sociales, entre les détenteurs du pouvoir économique et la population active dans presque tous les secteurs d'activité (administration, secteur privé, professions libérales, secteur de l'enseignement tous degrés confondus).

Les difficiles conditions sociales trouvent leur justification dans le niveau faible des revenus dans les secteurs publics et privés, dans l'augmentation tendancielle des prix induisant la baisse constante du pouvoir d'achat, l'installation du chômage qui temporaire et occasionnel est devenu de longue durée touchant presque tous les métiers, l'accentuation des disparités entre classes sociales, la faiblesse des protections sociales.

Les revendications se sont concentrées dans le secteur informel où opèrent les forces vives du groupe des diplômés sans emplois, le secteur du monde rural où les prix au producteur sont désavantageux pour le monde paysan, le secteur des artisans qui souffrent de l'inorganisation de leur activité alors qu'il mobilise la part la plus imprtantet du monde informel.

Pour la commission des Nations unies pour l'Afrique (CEA)[18], les économies de l'Afrique en général et plus particulièrement de l'Afrique sub-saharienne (ASS) restent vulnérables et enregistrent des

[18] CEA, *Rapport sur les conditions économiques et sociales en Afrique de l'Ouest en 2010 et les Perspectives pour 2011*, Washington, 2010.

taux de croissance en dents de scie et souvent non élevés que l'on explique par des successions de catastrophes naturelles, mais également par les effets des crises qui s'étaient abattues sur les économies industrielles. Ces crises induites amenuisant les rémunérations des couches sociales, réduisent les pouvoirs d'achat de ces dernières en aggravant les conditions sociales.

Néanmoins, les flambées des prix alimentaires et énergétiques qui ont précédé la crise financière mondiale ont affaibli la position extérieure des importateurs nets de ces produits, alimenté l'inflation et entravé le potentiel de croissance des économies. Ils ont également rendu plus difficile la double tâche de consolider davantage les gains macro-économiques, d'une part, et d'autre part d'augmenter les dépenses sociales pour lutter contre la pauvreté.

1.2. Les facteurs endogènes de blocage de la croissance

Une croissance économique réelle ne se réalise que si elle est intériorisée en comptant sur les capacités productives internes, mobilise les ressources financières internes pour la mise en valeur des ressources naturelles et crée un environnement économique propice au développement des affaires.

Lorsqu'on se trouve face à une administration démotivée, gangrenée par la corruption, improvisant les investissements, à un espace géographique à infrastructure économique inexistante, à un secteur privé pusillanime et sans une protection juridique appropriée exprimée dans le climat des affaires, le développement espéré devient hypothétique.

L'Afrique est ainsi confrontée aujourd'hui à une série d'obstacles sans lesquelles son émergence constituerait un vœu pieux. Il paraît donc important de rappeler ces facteurs endogènes de blocage pour espérer évoluer normalement vers les buts recherchés, les résultats escomptés tant pour les communautés humaines que pour l'environnement de vie de celles-ci.

1.2.1. L'incompétence de l'administration publique

L'administration est partout dans le monde l'agence d'exécution des directives de l'autorité politique ayant conquis le pouvoir d'état afin d'appliquer la politique pour laquelle elle a gagné les suffrages des électeurs. Elle dispose pour ce faire de la fonction publique représentant l'administration centrale et de la fonction publique décentralisée représentant la fonction publique territoriale. Elle s'appuie également sur les organismes parapublics ou les institutions parastatales créées dans des domaines précis dont la promotion s'avère indispensable à l'action économique nationale.

Pour être efficace, l'administration doit disposer de personnel en nombre suffisant, compétent, responsable et respectueux des liens de préposition. Son action doit s'inscrire en permanence dans la continuité quels que soient les détenteurs de l'autorité de la puissance publique, doit suivre des règles précises de gestion de la chose publique qui appartient à l'ensemble de la communauté, et surtout éviter l'appropriation personnelle des biens collectifs en faisant passer la stratégie individuelle de recherche d'intérêt personnel avant la stratégie globale de recherche d'intérêt collectif.

Dans l'Afrique de l'après-indépendance, les retards constatés ça et là sont dus au laxisme du personnel de l'administration publique dont la caractéristique essentielle est l'absentéisme inarticulée à la société nationale et internationale. Selon Dieng[19],

> « L'administration publique est impuissante devant les besoins exprimés par les citoyens, incapable de s'ajuster aux règles de modernité d'un contexte mondial de compétition pour l'efficacité et la qualité. Corruption, incompétence, clientélisme, ethnicisation, désorganisation, centralisation...la longue litanie des maux qui gangrènent l'administration publique en Afrique. Mais surtout l'administration africaine semble avoir opté pour l'absentéisme »

Il constate que tous les remèdes jusqu'ici expérimentés ont été sans effets durables. Et pourtant, devant cette détérioration des services publics, beaucoup de mesures ont été tentées. D'abord, des notes de services pour rappeler ou renforcer les sanctions encourues par les employés qui s'absentent sans justification, ensuite des campagnes de sensibilisation et enfin l'aménagement du temps par l'instauration de la journée continue.

Après les indépendances, en voulant rattraper le temps perdu, les autorités ont procédé à des recrutements importants d'agents perma-

---

[19] DIENG Momar Lissa, in FRAO Fondation Rurale de l'Afrique de l'Ouest, *L'administration publique africaine malade de l'absentéisme*, Dakar 2001 ; http://base.d-p-h.info/fr/fiches/premierdph/fiche-premierdph-5370.html

nents ne disposant pas de réelles compétences, ont mis en place des structures nombreuses qui se chevauchent non dotées de missions réelles induisant des conflits de compétences entre les divers responsables. Il en est découlé le blocage de dossiers importants dont l'exécution favoriserait l'émergence des entités étatiques.

1.2.2. La corruption généralisée et permanente

Le second fléau qui handicape le progrès économique et social en Afrique est l'apparition du phénomène de corruption qui au début inexistant est devenu endémique, généralisé et tentaculaire touchant toutes les couches de la société, tous les secteurs du circuit d'activités en utilisant toutes les formes inimaginables d'opérationnalité.

Elle se manifeste sous diverses formes : classique ou directe, discrète ou subtile selon la méthode propre à chaque corrupteur qui se donne les moyens de son action. Les personnalités politiques, les administrateurs centraux, les gestionnaires des crédits, les personnels subalternes monnaient leurs services contre une contrepartie qui se présente soit en nature ou en espèces.

La corruption directe se constate au niveau du train de vie des agents corrompus dont l'enrichissement dépasse leurs rémunérations officielles. Elle se déroule sous forme de dessous de table, de transport de valise de billets de banque, d'offres de cadeaux de toutes sortes (bijoux, maisons clés en main, voitures, etc.)

La corruption discrète s'effectue de façon subtile de sorte à être difficilement détectable, observable et quantifiable. Devaraian[20], économiste en chef de la Banque mondiale dans son rapport de 2010 sur les indicateurs du développement pour l'Afrique précise que :

> « La corruption discrète englobe plusieurs types de fautes professionnelles notées parmi les enseignants, les médecins, les inspecteurs et autres représentants de l'état. Elles se manifestent par des agissements comme l'absentéisme et le contournement délibéré de règlements à des fins personnelles. Ce type de corruption a de sérieuses répercussions négatives sur les populations africaines… »

La corruption a pour effets de nuire aux couches les plus défavorisées, de rendre plus chères les prestations de services, d'agir

[20] Devaraian Shanta, *Les indicateurs du développement en Afrique* – ADI 2010, Washington, 2010.

négativement sur la qualité de l'offre de services ou de produits, de favoriser la médiocrité, d'hypothéquer l'acquisition de compétence.

L'aggravation du phénomène fait que de nos jours les pouvoirs publics au plan national et les instances internationales au niveau des relations économiques internationales ont élaboré une véritable stratégie de lutte contre la corruption avec des lois et règlements appropriés qu'il est difficile de contourner. C'est dans ce contexte qu'il faut placer la levée du secret bancaire pour détecter les niches fiscales, le contrôle exercé sur les paradis fiscaux, la lutte contre le blanchiment de l'argent et le financement du terrorisme, etc.

Compte tenu de l'ampleur prise par la corruption en Afrique, les autorités nationales comme internationales ont convenu d'un programme de lutte en vue d'extirper le phénomène de l'Afrique. L'initiative a été prise par le conseil consultatif de l'union africaine (CCUA) qui recherche le renforcement de la lutte contre la corruption en Afrique et la garantie d'un continent exempt de corruption.

L'UA a recouru aux compétences de la CEA[21] pour diagnostiquer le mal et élaborer le programme dont les principaux cadres stratégiques et politiques s'inspirent de la Convention des Nations Unies contre la corruption (2003) et de la convention de l'Union africaine sur la prévention et la lutte contre la corruption (2003). L'objectif visé est de faciliter l'élaboration et la mise en œuvre de ces deux cadres sur le continent africain en se dotant des moyens susceptibles de faire reculer le phénomène.

Les instances de la CEA, en vue de faire aboutir le programme, ont proposé pour sa mise en œuvre une méthode stratégique à plusieurs volets qui englobe la recherche et l'analyse stratégiques, la formation et le développement des capacités, l'apprentissage mutuel, le partage de connaissances et d'informations et la collecte des données concernant les meilleures pratiques de la lutte contre la corruption, la concertation axée sur les orientations et l'organisation de manifestations spéciales sur la corruption en Afrique.

1.2.3. Le choix inconséquent des investissements

La réussite d'une croissance endogène ou d'un développement durable nécessite également des investissements dans tous les secteurs

[21] CEA, *Programme régional pour l'Afrique en matière de lutte contre la corruption 2011-2016*, publication des Nations unies, Addis Abeba.

d'activités. L'état de sous-développement dans lequel végète l'Afrique offre une gamme de mesures à prendre ou d'actions économiques à promouvoir si bien que leur pléthore devient un goulot d'étranglement pour les décideurs.

Dans ce sens, la pluralité des secteurs à considérer, l'étendue des domaines à prendre en compte, les perceptions multiples des organes de décision à sérier, constituent des causes à l'inconséquence des choix faits par l'autorité investie de la puissance publique. On peut noter des domaines aussi étendus que l'agriculture, les infrastructures, les mines, les industries, les agro-industries, le commerce, le tourisme, le renforcement de capacités, l'artisanat, les ressources humaines, l'élevage, les forêts, la pêche, les nouvelles technologies, la production de biens de consommation, la production de biens d'équipement, les loisirs, etc.

Le risque du choix des investissements dépend de son opportunité et du moment de la décision. Dans une conjoncture de rareté de ressources, l'option de choix doit aller aux projets à rentabilité immédiate et dans des secteurs de haute productivité. Dans une conjoncture d'abondance de ressources, le choix d'investissement doit se porter sur des secteurs à effets induits durables.

La rentabilité jouant un rôle déterminant dans le choix de l'investissement, une attention particulière devra être portée sur le type de financement à choisir (subventions/dons/prêts/emprunts), la forme du financement à accepter (bilatérale/multilatérale), les délais d'exécution des actions liés aux conditions de financement des bailleurs de fonds, les effets induits des projets à exécuter.

Pour ce faire des critères précis doivent être utilisés pour identifier les actions économiques de court, moyen et long terme, les opérations à rentabilité immédiate ou lointaine, les activités à effets induits immédiats ou lointains. Il s'y ajoute le choix du type de financement à mobiliser pour l'investissement en différenciant entre les projets sociaux, industriels, commerciaux, culturels, d'équipements collectifs, etc.

L'efficience des actions économiques dépend du choix opéré pour l'investissement. À ce niveau, le décideur aura à déterminer le domaine ou le secteur d'activités intéressées.

En Afrique post indépendante, le souci des dirigeants à rattraper le temps perdu a poussé à des choix hasardeux qui ont ignoré les capacités d'absorption des économies nationales et qui ont occasionné des projets sans intérêt collectif majeur.

De même ces choix ont ciblé des actions économiques isolées sans interdépendance, ont méconnu les principes directeurs des relations économiques internationales. Il en est découlé des opérations clés en main à coût élevé dont la rentabilité est incertaine.

Les « éléphants blancs » que l'on retrouve dans les Etats africains sont les conséquences du mauvais choix des investissements et qui représentent des pertes sèches pour les économies nationales puisqu'ils n'occasionnent pas des ressources attendues, mais entraînent des remboursements sans contreparties, les investissements réalisés demeurant inopérantes.

Comme éléphants blancs, on peut mentionner des aéroports sans clientèle, des hôtels de luxe sans clients, des industries de pointe sans disponibilité de matières premières sur place, des palais majestueux comme équipements de souveraineté, des routes sans intérêt économique, etc. D'où l'inconséquence du choix des investissements constatée par la plupart des économistes.

1.2.4. La déficiente de l'infrastructure économique

L'économie spatiale enseigne que pour assurer la croissance économique débouchant sur le mieux-être des populations et s'appuyant sur un cadre agréable de vie, il faut des compétences pluridisciplinaires, des structures institutionnelles solides, des équipements variés, des textes législatifs et réglementaires adaptés et une justice équitable.

L'espace de vie des communautés humaines est sensé fournir les matières premières à l'action économique humaine qui par le déclenchement du processus d'activité économique fournit les divers biens et services nécessaires à la satisfaction des besoins fondamentaux de l'homme et de la société qu'il a contribuée à édifier.

Toutefois, les biens et services ne sont accessibles que si la nation dispose de l'infrastructure économique pour le transport et la circulation, la distribution et la livraison, la conservation et l'entreposage, etc. L'infrastructure économique se présente sous forme de voies de passage terrestres, maritimes, aériennes, souterraines telles que les routes, les chemins de fer, les ports, les aéroports, les tunnels.

La déficience de l'infrastructure économique devient une source de blocage de l'activité économique et son édification s'impose comme une priorité pour les autorités chargées des politiques. En d'autres termes, une bonne infrastructure économique favorise les échanges internes et externes et constitue un facteur d'unité nationale, de cohésion sociale et de complémentarité internationale.

L'apport de l'infrastructure économique à l'évolution économique est donc inestimable en servant de baromètre à l'évaluation des politiques publiques menées par les autorités compétentes et permettant l'appréciation du niveau de développement atteint par l'ensemble géographique constitué. La politique d'aménagement du territoire utilise l'édification des infrastructures comme facteur d'équilibre régional.

L'Afrique de la seconde moitié du XXe siècle a souffert de la déficience des infrastructures d'où son retard par rapport aux autres continents dans la dynamique de développement. Les organismes internationaux de financement comme la Banque mondiale à travers l'Agence internationale pour le développement (IDA), la Banque africaine de développement (BAD), l'Agence française de développement (AFD)[22] ont réalisé des études qui ont conclu à la couverture d'à peine 20 % des territoires en infrastructures.

La déficience constatée concerne les routes qui ne répondent pas aux normes requises, les chemins de fer souvent inexistants ou vétustes fautes d'entretien, les ports très modestes et rarement en eau profonde, les barrages hydroélectriques en nombre insuffisant et à faible puissance installée, les installations aéroportuaires exigües en regard de l'intensité du trafic.

La participation de l'Afrique au défi mondial de croissance économique recommande la mise en norme internationale des infrastructures économiques, l'établissement d'un programme de contrôle permanent des réalisations pour éviter leur dégradation, l'adoption de textes réglementaires contraignants pour le respect de l'utilisation des ouvrages réalisés, la formation des compétences pour la maintenance des équipements, la recherche des moyens non coûteux de financement des infrastructures, etc.

L'étude "Infrastructures africaines : une transformation impérative" faite par les institutions précitées a examiné les différents aspects de quatre secteurs ciblés – l'énergie, l'eau, les transports et les TIC – tous

---

[22] BM, IDA, BAD, AFD, *Les diverses études sur le développement des infrastructures africaines*, Washington, Abidjan, Paris, 2009.

soutiens essentiels des économies nationales et de la lutte contre la pauvreté en Afrique.

En établissant les priorités entre ces secteurs, en augmentant les investissements et en renforçant l'efficacité, les pays africains seront à même d'éviter les effets aggravants de la crise financière et de créer les fondations de la croissance future lors de la reprise de l'économie mondiale.

Le financement mobilisable a été chiffré à environ 31 milliards de dollars et la réalisation des investissements dans les quatre secteurs permettra un gain substantiel en efficacité économique.

1.2.5. La complexité du climat des affaires

L'un des freins à l'émergence de l'Afrique est représenté par la faible contribution du secteur privé à l'activité économique tant au niveau de la production, de la distribution, du financement des opérations. Ce secteur regroupe tous les opérateurs économiques agissant hors du circuit public et parapublic.

Les acteurs qui y interviennent se retrouvent au niveau de chambres de commerce et d'industrie, de conseil de patronat ou de chambre de métiers. En Afrique du Sud par exemple, *The South African Chamber of Commerce and Industry (SACCI)* vise à être la voie du commerce dans ce pays avec environ vingt mille (20.000) entreprises membres.

En Côte d'Ivoire, la Chambre de commerce et d'industrie mise sur l'entreprenariat féminin ainsi que sur les techniques et les règles du commerce international. Leurs stratégies portent sur les programmes de professionnalisation, l'accompagnement des organisateurs de manifestations commerciales et les défis liés à l'économie verte.

Au Ghana, au Nigéria ainsi que dans la plupart des pays anglophones, les chambres de commerce, d'agriculture, d'industrie et des métiers organisent des foires commerciales, délivrent des certificats d'origine, favorisent les relations entrepreneuriales, etc.

Dans le cadre de l'Union du Maghreb Arabe (UMA) et particulièrement au Maroc, l'existence de la fédération des chambres marocaines de commerce, d'industrie et de services reflète la complexité du climat des affaires dans ce pays avec de puissantes entreprises telles que l'Office chérifien des phosphates (OCP) et le holding financier *Attijariwafa bank.*

Au Togo, on peut citer le conseil national du patronat togolais (CNPT), de l'association au Togo des grandes entreprises du Togo (AGET), de la chambre de commerce et d'industrie du Togo (CCIT), de la chambre d'agriculture, des chambres de métiers, les agents économiques du secteur informel. Presque tous les pays africains ont les mêmes dispositions.

Les caractéristiques essentielles des opérateurs économiques de plusieurs pays africains sont l'absence d'initiatives pour la création d'activités productives, l'insuffisance des moyens de financement des activités, la manque de formation des agents économiques des différents domaines d'opérations, l'appui insuffisant du système financier et bancaire qui opère de façon classique sans courir aucun risque, la complexité et la lourdeur du climat d'affaires.

Que ce soit pour les activités commerciales, les opérations d'investissements, jusqu'à une époque récente, l'homme d'affaires qui espère réaliser des opérations en Afrique est confronté à divers obstacles notamment la lenteur des formalités, la duplication des services compétents, l'indisponibilité des services essentiels comme la fourniture de l'eau, de l'électricité, du téléphone, la corruption, la faible couverture des nouvelles technologies de l'information et de la communication (NTIC)…

Une étude récente menée par la CEA au début de la décennie 2000 montre que l'amorce de la croissance économique africaine dépend pour beaucoup de l'amélioration du climat des affaires en regroupant les interlocuteurs, en rendant disponibles les services essentiels, en renforçant l'infrastructure économique, en libéralisant l'économie à travers le code des investissements, en assainissant le secteur bancaire et financier, en réduisant le circuit des formalités de création d'entreprises.

La création de guichets uniques des formalités des entreprises dans la plupart des pays africains aspirant à l'émergence, la participation des pays miniers à l'initiative pour la transparence dans les industries extractives (ITIE), les efforts des dirigeants africains d'arrimer leurs pays au « Doing business » de la Banque mondiale, la mise en place au sein des appareils exécutifs africains de conseil présidentiel pour l'investissement (CPI), etc. tentent de répondre à ces préoccupations.

Bien plus, la réussite de la politique d'amélioration du climat des affaires selon la Banque mondiale passe par un développement du partenariat secteur privé et gouvernement, une promotion de l'action partenariale secteur privé et enseignement supérieur où s'effectuent la recherche fondamentale et la recherche appliquée, un renforcement de la coopération entre les structures opérationnelles du secteur privé.

Pour la BAD, améliorer le climat des affaires en Afrique, c'est mettre en place une bonne réglementation et une législation attrayante. A ce titre, il faut refaire les lois et règlements obsolètes, inutiles ou inappropriés qui constituent dans de nombreux pays du continent quelques-unes des principales entraves à la croissance. Elle intervient en conséquence pour éliminer ces écueils par des programmes de réformes visant à améliorer le cadre juridique et le cadre réglementaire, et, ainsi, à encourager l'investissement privé, accélérer le développement des affaires et soutenir la croissance économique.

1.2.6. L'inexistence et la marginalisation du secteur privé

L'état économique d'une nation est le baromètre d'appréciation de sa place dans les relations économiques internationales et peut être appréhendé à travers les données de la comptabilité nationale. Celle-ci retrace toutes les opérations effectuées par un pays durant une période donnée au niveau interne et avec l'extérieur et provient couramment des agents économiques que sont les ménages, les entreprises, les administrations et l'extérieur.

Pour le dictionnaire Larousse[23] s'inspirant de l'Académie française, la comptabilité nationale est une représentation schématique et quantifiée de l'activité économique d'un pays. Elle mesure les flux monétaires représentatifs de l'économie nationale pendant une période donnée, en principe, une année. Pour plusieurs auteurs, la comptabilité nationale intègre plusieurs indicateurs macroéconomiques dont le produit intérieur brut (PIB).

Selon Wikipedia[24], la comptabilité nationale prend en compte de nombreuses informations, comptables sur les ménages, sur les entreprises, sur les institutions administratives, sur les secteurs institutionnels, sur l'extérieur c'est-à-dire le reste du monde (RDM) afin de refléter la physionomie l'économie concernée.

---

[23] *Dictionnaire Larousse*, op. cit.

[24] Plusieurs auteurs contestent la validité des informations contenues dans cette encyclopédie tandis que d'autres, comme nous, considèrent que l'encyclopédie Wikipédia répond aux critères de validité scientifique (cf. Popper). http://fr.wikipedia.org/wiki/Comptabilit%C3%A9_nationale

Par elle, l'on peut classer les pays selon leur niveau de croissance économique ou de développement dont les agents moteurs les ménages, les entreprises et l'administration.

Ainsi, dans la réalisation de l'activité économique deux secteurs jouent un rôle fondamental à travers ces agents mentionnés : le secteur public et le secteur privé. Dans un passé récent, pour consolider les bases de l'Etat (Nation), l'importance a été accordée au secteur public qui assurait la croissance économique par voie d'interventionnisme, pratique suivi par la plupart des pays industriels.

Il fallut attendre l'application du libéralisme comme mode privilégié de gestion de l'économie nationale durant la seconde moitié du XXe siècle pour que le secteur privé soit valorisé dans les pays industriels à capitalisme évolué. L'inefficacité constatée de l'action publique, les crises économiques que celle-ci a engendrées par suite des gaspillages, du laxisme des agents fonctionnaires de l'Etat, du népotisme et du favoritisme, ont milité en faveur de la promotion du secteur privé qui en arrive à concurrencer le secteur public. Moins d'Etat et plus de privé a favorisé la croissance dans les pays industriels.

Les pays africains, à l'aube des indépendances, ont accordé plus d'importance au secteur public dans le financement de l'activité économique. Les mêmes causes produisant les mêmes effets comme dans les économies occidentales de marché, la situation de l'économie africaine a pâti de cette stratégie, il a été estimé que la contribution du secteur privé à la croissance économique africaine est demeurée limitée - moins de 20 % -, remettant aux calendres grecques l'amorce du développement.

Les échecs des quatre décennies de stratégie des Nations unies pour le développement (1960-1969/1970-1979/1980-1989/1990-1999) ont relégué l'Afrique au dernier rang des continents de l'espace mondial occasionnant par voie de conséquence un changement de stratégie conçue par l'ONU dans le cadre des objectifs du millénaire pour le développement (OMD) où il est reconnu par les instances internationales et les autorités nationales africaines que le développement du secteur privé en Afrique dépend d'une croissance inclusive.

Ainsi, à présent, le développement du secteur privé est largement reconnu, par la communauté internationale, pour être le moteur d'une croissance économique durable et inclusive. La BAD, première institution financière de développement du continent, en a fait son credo ou leitmotiv pour réduire la pauvreté et à soutenir la croissance durable en Afrique.

A ce titre, les orientations fixées passent par l'amélioration de l'environnement des affaires, le soutien aux entreprises privées, le renforcement des institutions et systèmes financiers, la promotion de l'intégration régionale et du commerce et la création d'un effet de démonstration, propre à attirer les ressources d'autres bailleurs de fonds.

Selon la BAD, pour financer le secteur privé, une gamme d'instruments financiers de catégories de risques différentes sont disponibles comme :

- la dette à garantie de premier rang
- la participation directe au capital
- les garanties et les instruments assimilables à des fonds propres
- la participation directe au capital d'institutions financières par le biais de fonds de capital-investissement.

Dans le même prolongement, le rapport du groupe de travail initié par l'institution Epargne Sans Frontière (ESF)[25] dont la mission est de « *Favoriser le développement des petites et moyennes entreprises africaines* » constate que les petites entreprises africaines représentent une part décisive de l'emploi et de la redistribution des richesses et pourtant, elles peinent à se développer.

En reprenant le flambeau du Haut Conseil de la coopération Internationale (HCCI), le groupe de travail ESF consacré au financement des PME africaines, s'est penché sur les contraintes qui caractérisent les PME africaines :

- disparité des acteurs,
- informalité,
- forte intégration dans les réseaux sociaux,
- déficit d'accès aux sources de financement,
- instabilité juridique et judiciaire,
- faiblesse de l'offre de travail…

C'est sur le contexte global des affaires qu'il faut donc agir, afin d'améliorer la sécurité et de transformer les mentalités. La vitalité du secteur privé doublée d'un bon climat des affaires permettra à l'Afrique de relever les défis de la mondialisation.

[25] ESF, www.esf. Asso.fr, Paris, Déc. 2009 ou http://www.epargnesansfrontiere.org/

1.3. Les implications de facteurs exogènes (PREI)[26]

L'époque contemporaine avec l'émergence de l'économie industrielle a transformé les relations économiques internationales qui tour à tour ont favorisé le protectionnisme et le libre échange en regard des politiques que les autorités nationales des puissances industrielles souhaitent mener. Celles-ci s'inscrivent dans une optique de domination ou de recherche d'hégémonie.

Les politiques menées s'inspiraient pour la plupart des idées économiques énoncées par des économistes émérites qu'ils soient de l'école classique (libérale/socialiste/historique allemande), de l'école néoclassique (marginaliste), de l'école keynésienne (interventionniste) ou post keynésienne (néolibérale) et vont permettre aux nations occidentales d'obédience capitaliste de se tisser une place déterminante dans le concert des nations.

En dehors de facteurs endogènes auparavant étudiés qui ont retardé la croissance économique africaine depuis les indépendances, des facteurs exogènes induits par l'application de la philosophie économique contemporaine ont amplifié la dégradation de la situation économique africaine.

L'économie mondiale étant plus ouverte aux échanges, ces facteurs qui minent l'économie africaine se résument dans le faible niveau des échanges, la limitation du transfert de technique et de technologie, l'insuffisance des investissements directs de l'étranger, la constante baisse des ressources extérieures et la poursuite des luttes d'hégémonies.

1.3.1. La faiblesse du niveau des échanges

Une économie ne vit que par sa vitalité à produire des biens et services variés pour les besoins des consommateurs qu'ils soient nationaux ou extérieurs. Les biens et services produits alimentent le circuit des échanges internes et externes.

Ils sont sensés augmenter au fur et à mesure de l'accroissement de la population, de l'augmentation des besoins exprimés, de la promotion des activités dans le but d'optimiser les ressources. La croissance économique doit se refléter au niveau des échanges et du changement de l'environnement économique des nations.

[26] Prescriptions des relations économiques internationales.

Si les pays industriels ont pu, depuis la révolution industrielle, améliorer leurs performances économiques pour contrôler les relations économiques internationales, c'est en raison de la dynamique de croissance imprimée à leurs économies, des instruments de politique économique dont elles se sont dotées, des visions qu'elles se sont assignées.

Pour parvenir à ce stade, elles ont renforcé dans un premier temps les échanges intérieurs en créant un tissu économique complet fondé sur des relations intersectorielles et interindustrielles, en se dotant d'espace économique d'écoulement de la production industrielle et de réserve de matières par voie de colonisation, en se protégeant par des lois et règlements spécifiques.

Leur assise au plan national leur ouvrit plus tard la voie de la conquête des marchés sur le plan international en se consolidant par des accords de coopération bilatérale ou multilatérale, en favorisant la dynamique de coopération sectorielle et la dynamique de coopération régionale d'où naquirent les communautés sectorielles et les unions économiques.

Avec ces deux stratégies de politique économique, il en est découlé d'abord une consolidation de l'économie nationale dont la croissance demeure constante et introvertie avec des taux de croissance économique forts sur une longue période et ensuite une affirmation dans l'économie internationale avec l'extension des marchés.

L'Afrique de la seconde moitié du XXe siècle, quoique décolonisée, peine à trouver sa place dans les échanges mondiaux. L'une des causes avancées par les économistes est la faiblesse du niveau des échanges qui lui-même dépend de la faiblesse de la production nationale.

Les diverses statistiques des institutions de coopération multilatérale comme la communauté économique européenne[27] (CEE) devenue Union européenne, l'Europe statistique[28] (Eurostat), le PNUD et la Banque mondiale[29] ont mis à jour la faiblesse des échanges interafri-

---

[27] CEE – Commission, *Possibilité d'industrialisation des Etats africains et malgaches associés*, Publication de la CEE –Rapport de synthèse/Rapport Volume 1, Bruxelles, 1966.

[28] Eurostat, Commerce extérieur de l'union européenne avec les Etats africains des Caraïbes et du Pacifique (ACP) et les pays et territoires d'outre-mer (PTOM), Luxembourg, 1997.

[29] Banque mondiale, *Le développement au seuil du XXIe siècle – Rapport sur le développement humain dans le monde 1999-2000*, Editions ESKA, Paris, 2000.

cains (inférieur à 3 %), un taux modeste des échanges extérieurs ou de participation au commerce mondial (à peine égal à 5 %).

L'Union africaine confirme ces constatations, puisqu'à la suite d'une étude réalisée pour son compte par le centre international pour le commerce et le développement durable[30] (CICDD), elle précise que :

> « La faiblesse du volume du commerce intra-africain reflète parfaitement le chemin qu'il reste à parcourir -aujourd'hui, seulement 12 % du commerce total en Afrique est intra-africain, alors que la part atteint 40 % en Amérique du Nord et même 60 % entre les pays européens ».

Par ailleurs, malgré la participation des pays africains à l'organisation mondiale du commerce (OMC), Afrique Expansion[31] souligne que :

> «... En effet, malgré une légère augmentation des exportations africaines durant la décennie 1990 – 2000, passant de 126 milliards de dollars à 159 milliards de dollars, la part de l'Afrique dans le commerce mondial a chuté de 2,9 % à 2 % avant de remonter à 2,3 % entre 2000 et 2006. Ce qui représente tout de même une part très insignifiante dans la balance commerciale mondiale, d'autant plus que les progrès observés sont essentiellement dus à l'explosion des prix du pétrole et des produits non manufacturés »

Il ressort de tout ceci que sans les retombées des échanges en ressources, il n'y a pas de croissance économique ni de développement durable en Afrique.

1.3.2. La faiblesse du transfert de technique et de technologie

Trois facteurs de production sont combinatoires pour déclencher le processus d'activité économique à savoir la terre (facteur original, mais inerte), le travail (facteur actif, mais indispensable) et le capital (facteur dérivé, mais essentiel).

Si la terre peut produire par elle-même des biens naturels (principe de prédisposition naturelle et déterministe), les biens économiques ne peuvent s'obtenir qu'à partir de la combinaison des trois facteurs de production. Les deux biens se différencient par le fait que les premiers

---

[30] International center for trade and sustainable development, Genève, 2012.

[31] *Afrique Expansion Magazine*, Commerce international. La part insignifiante de l'Afrique, Paris, 2011.

satisfont les besoins physiologiques en existant en quantité illimitée alors que les seconds satisfont les besoins économiques en existant en quantité limitée.

En effet, les biens économiques étant utiles et rares et ne s'obtenant qu'une fois les besoins humains exprimés en fonction des goûts et de la nature des biens, l'homme (facteur travail) avec l'instrument qu'il a fabriqué (le capital) met en valeur la terre où sont disponibles les matières premières pour produire la gamme des biens et de services nécessaires à la satisfaction de ses désirs.

L'activité économique tire son existence de l'effort que fait l'homme pour adapter la nature à ses besoins, car l'accroissement de la population étend les besoins de l'homme en raréfiant les biens naturels qui pâtissent de la surexploitation des sols, l'épuisement des ressources en eau, l'apparition de la sécheresse qui réduit les espaces cultivables, le changement climatique qui fait avancer les déserts et les terres arides.

La seule solution qui s'offre à l'être humain est donc une maîtrise de l'outil de travail pour mieux produire (obtention de produits de qualité), pour beaucoup produire (obtention de plus de produits) et pour diminuer la fatigabilité de l'homme (allongement de l'espérance de vie humaine), pour mieux échanger à l'intérieur des espaces (équité régional et social) et avec l'extérieur (conquête de part de marché et obtention de ressources aux fins de développement).

Pour les pays industriels qui ont profité de la révolution scientifique et technique depuis le début de l'époque contemporaine, leur niveau de croissance économique réalisée ou développement économique atteint n'a été rendu possible que grâce à la maîtrise de l'outil technique et du perfectionnement permanent de la technologie. Celle-ci peut permettre aujourd'hui de créer des biens et services sans le recours à la terre en annonçant par ce biais la révolution du savoir.

Dans le mode contemporain où les pays luttent pour leur survie et leur positionnement sur l'échiquier mondial en se donnant les moyens et les stratégies de leurs réussites (acquisition de compétences, utilisation de techniques de pointe, adaptation des technologies aux conditions du milieu, mainmise sur les espaces d'écoulement des biens, défense du principe de l'optimum de population), le continent africain montre une absence de prédispositions à ces facteurs de progrès.

En effet, selon des études réalisées pour le compte de l'UA, de l'UNESCO, du secrétariat du NEPAD dont Mutume[32] retrace les grandes conclusions en ses termes :

«... L'Afrique subsaharienne contribue pour environ 2,3 % au produit intérieur brut au niveau mondial, mais ne dépense que 0,4 % des sommes consacrées à la recherche et au développement. Le continent abrite 13,4 % de la population mondiale, mais ne fournit que 1,1 % des chercheurs scientifiques de la planète. Il compte environ un scientifique ou un ingénieur pour 10 000 habitants, alors que les pays industrialisés en comptent de 20 à 50 ».

A partir de ses données, il apparaît que le fossé scientifique et technologique entre l'Afrique et le reste du monde va en s'accroissant au fil des ans. Selon certains économistes tant africains que non africains, le sous-développement du continent africain découle de ce fossé grandissant dans le domaine de la science, de la technique et de la technologie entre l'Afrique et le reste du monde.

C'est pour cette raison que les dirigeants africains se sont engagés à consacrer davantage de ressources au développement de la science et de la technologie, domaine vital pour le développement économique, pourtant longuement négligé et mal financé dans de nombreux pays. Ainsi, en janvier 2007, lors d'un sommet de l'UA, les chefs d'Etat ont "instamment demandé" à tous les pays de l'UA de consacrer, d'ici à 2020, au moins 1 % de leur produit intérieur brut à la recherche et au développement.

Ils se sont aussi engagés à revitaliser les universités africaines — dont un grand nombre ont périclité suite au tarissement, au cours des dernières décennies, du soutien dont elles jouissaient et à promouvoir l'étude de la science et de la technologie chez les jeunes. Les capacités de recherche scientifique ne pourront s'améliorer que si les pays africains investissent plus de ressources dans l'enseignement supérieur et la recherche.

Pour la CEA et l'UNESCO, il est urgent pour l'Afrique d'initier le développement de technologies endogènes et de former un grand nombre de chercheurs expérimentés qui vont ensuite jouer des rôles clés dans les activités de recherche et de développement. Bien que les

[32] Mutume Gumisal, *Afrique renouveau / Perspective*, World Bank, Washington D.C. 2005. 38.

défis recensés paraissent difficiles à surmonter, selon Janneh[33], le Secrétaire exécutif actuel de la CEA[34], le continent ne peut plus se permettre de perdre du temps. Il doit lancer une offensive majeure pour former et employer un grand nombre de scientifiques, d'ingénieurs et de techniciens.

En tout état de cause, le continent africain demeure limité du point de vue scientifique, transfert de technique et de technologie. La marche vers l'émergence recommande aux autorités africaines de s'y employer en appliquant les décisions prises lors des conférences ou sommets auxquels ils participent depuis de nombreuses années.

1.3.3. L'insuffisance des investissements directs de l'étranger (IDE)

Le fonctionnement de l'activité économique alimente les indicateurs d'évaluation de la performance économique des nations en s'appréciant à travers l'importance du PIB, la répartition des revenus, la mise en place des structures de production, l'édification des institutions administratives, l'état des services sociaux de base, l'évolution du niveau de vie, le degré d'éducation, de formation et d'alphabétisation, la complémentarité du tissu industriel, la conservation du cadre de vie, l'agrémentation de la vie du citoyen.

Une bonne gestion de l'activité économique permet de dégager les ressources pour faire face aux besoins des communautés de l'espace considéré. Cette pratique d'optimisation des ressources et de rationalisation des dépenses de la société permet d'obtenir une valeur ajoutée consistante ou un surplus économique important. Il s'en suit l'équité dans la répartition pour une paix sociale, garantie dans le renouvellement de l'infrastructure et surtout dans l'élévation du niveau de vie de la population elle-même.

Tous les investissements nécessaires à cette fin doivent être financés sur des ressources nationales disponibles provenant de la création de richesse matérialisée par le produit intérieur brut qui, une fois les consommations intermédiaires déduites, fourniraient un produit national net ou revenu national dont la communauté a besoin pour poursuivre son activité économique, assurer la permanence de l'Etat et

---

[33] http://www org/africarenewal/fr/topic/development

[34] Commission économique des Nations Unies pour l'Afrique (CEA).

de la nation, conforter l'indépendance nationale et promouvoir la cohésion sociale.

Si le XXe siècle a permis aux nations industrielles de parvenir à cet idéal en produisant plus pour créer l'Etat providence diffusant le bien-être dans toute la population, c'est parce qu'elles se sont donné les moyens de réalisation de cette vision en comptant sur les ressources propres de l'épargne nationale interne, sur les crédits à l'économie en provenance des secteurs bancaires et financiers, sur l'excédent de la balance commerciale et celui de la balance des payements, sur les investissements directs de l'étranger.

Pour le Dico du commerce international[35], les investissements directs à l'étranger, ou investissements directs étrangers (IDE en abrégé, traduction de l'acronyme anglais *FDI* pour *Foreign Direct Investment*), également appelés investissements directs internationaux (IDI) par l'OCDE, sont les mouvements internationaux de capitaux réalisés en vue de créer, développer ou maintenir une filiale à l'étranger et/ou d'exercer le contrôle (ou une influence significative) sur la gestion d'une entreprise étrangère. Élément moteur de la multinationalisation des entreprises, les IDE recouvrent aussi bien les créations de filiales à l'étranger que les fusions-acquisitions transfrontières ou les autres relations financières (notamment les prêts et emprunts intra-groupes).

L'Afrique ne produisant pas assez, consommant ainsi la totalité de sa production, se trouve dans une situation de rareté de ressources lui imposant le recours à l'aide extérieure pour financer le déficit en disponibilités nécessaires au financement des actions de croissance économique ou de développement durable. Si la production des biens et services représente P et la consommation totale est C, la croissance économique apparaît si C est inférieure à P favorisant l'accumulation.

En cas de production insuffisante pour une consommation supérieure, ce qui est le cas de l'Afrique, la différence entre la production et la consommation, comme le souligne Agbobli[36], proviendrait de l'aide extérieure soit si A est l'aide extérieure, $P+A=C$ ce qui entraîne $P-C=A$; de même qu'en cas des échanges extérieurs où

[35] http://www.glossaire-international.com/pages/tous-les-termes/ investissement-direct-a-l-etranger-ide.html#HSJOWliQ0l1bJJPw.99

[36] AGBOBLI Edo K. M., *Précis des techniques élémentaires de planification*, les NEA du Togo, Lomé, 1994, pp.38-39.

l'Afrique importe beaucoup plus qu'elle n'exporte le gap sera financé par le recours aux ressources externes. Si X représente les exportations et M les importations, l'équilibre n'est atteint que si X + A = M, ce qui induit A= M – X.

Dans certains pays en déficit de ressources, le financement complémentaire provient des investissements directs de l'étranger qui se sont développés ces derniers temps à traves les STN ou SMN. Ce financement draine des ressources substantielles en dehors des circuits financiers conventionnels. Mais dans le contexte africain, c'est le contraire qui se constate. En effet, depuis les indépendances en 1960, il apparaît une insuffisance de l'intervention des IDE en Afrique. A ce sujet, l'ADI[37] souligne que :

> « ... À l'inverse de toutes les autres régions du monde, les flux d'IDE vers l'Afrique sont en nette augmentation depuis 2011 avec une hausse de 5 % pour atteindre en 2012 un montant de 50 milliards de dollars[38]. Cependant ces 50 milliards de dollars représentent seulement 3,7 % des flux mondiaux d'IDE, ce qui classe très mal l'Afrique parmi les régions récepteurs d'IDE dans le monde. Il semble donc que le continent africain n'utilise pas efficacement son potentiel et a du mal à mettre en œuvre les bonnes politiques et stratégies pour davantage d'IDE...
>
> De plus les flux moyens d'IDE entrants sur le continent africain ont connu des hauts et des bas. La réception des IDE par le continent africain a commencé dans les années 70 avec une moyenne de 24.4 millions US$ dollar sur la période 1970-74, atteignant une moyenne de 55.4 millions US$ dollar sur la période 1985-89 et finissant par atteindre le milliard de dollars sur la période 2005-09. Ces dernières années, l'augmentation du cours des matières premières et la relative stabilité politique dans certains pays africains ont boosté les investissements sur le continent plus précisément dans les pays comme : l'Afrique du Sud, l'Angola, le Mozambique, l'Ouganda, la République Démocratique du Congo et la Guinée Equatoriale. »

Il en découle que, malgré cette avancée les flux d'IDE accueillis par l'Afrique, les montants sont minimes comparativement à ceux des autres régions du monde. L'insuffisance des ressources africaines des

[37] *L'Afrique des idées, Think Tank indépendant, Rapport sur l'investissement dans le monde*, CNUCED/BM, Genève-Paris, 2013.

[38] http//:www.terangaweb.com/afrique-attraction-investissements-directs-étrangers/

IDE constitue en conséquence un handicap pour son émergence économique dans les conditions actuelles de l'économie mondiale.

1.3.4. L'amenuisement des ressources extérieures

Depuis la révolution industrielle, les pays en voie d'industrialisation ont fondé leur croissance économique sur la disponibilité des ressources financières qui proviennent soit des métaux précieux (or ou argent) qu'il faut amasser soit du financement des structures bancaires qu'il faut promouvoir.

Le mercantilisme, qui a permis la naissance et l'affirmation des Etats nations devant déboucher sur l'État Providence, comme le souligne Agbobli[39], a fait de l'accumulation des métaux précieux la philosophie économique de l'époque préindustrielle où la richesse nationale s'apprécie à travers la détention de métaux précieux.

Le mercantilisme bullioniste (Espagne et Portugal), le mercantilisme industriel (France) et le mercantilisme commercial (Grande-Bretagne), durant trois siècles (XVIe, XVIIe, XVIIIe) ont assis leur croissance économique sur cette pensée économique. La recherche et la détention du métal précieux leur ont permis de s'ouvrir au colonialisme pour contrôler les gisements des pays et de se lancer dans l'impérialisme pour asseoir leur hégémonie et leur domination économique sur le monde.

Les ressources financières sont donc indispensables au financement de l'activité économique et il faut en détenir par tous les moyens. L'époque mercantiliste terminée, de nouveaux outils d'enrichissement apparaissent se traduisant par l'exploitation des ressources des pays coloniaux ou sous tutelle de nations industrielles.

Jalée traduit cela par le pillage du Tiers-monde[40]. Il constate que trois quarts (¾) des échanges se font entre pays capitalistes et autant entre pays du bloc socialiste alors que seuls vingt deux (22 %) des échanges se font entre pays du tiers-monde dont l'Afrique qui consacrent 72 % des ventes extérieures avec le monde capitaliste.

L'indépendance des pays africains et leur volonté de maîtriser leur destin économique leur ont imposé des choix d'investissement ayant

---

[39] Agbobli Edo K. M., *Histoire des faits économiques et sociaux*, NEA-Togo, Lomé, 1994, pp. 34-38.

[40] Jalée Pierre, *Le pillage du Tiers Monde*, Paris, Ed. Maspero (coll. « Cahiers libres »), 1965.

mobilisé des ressources substantielles qui se sont montrées improductives. Cela a entraîné une dépendance financière extérieure.

Pour Jalée, l'aide extérieure qui doit servir d'appoint aux ressources se situe à trois (3) dollars par an et par bénéficiaire. Elle constitue en fait un instrument de poursuite des liens de domination coloniale faisant croire que sans elle, il n'y pas de salut aux nouveaux pays indépendants.

Bien plus, compte tenu des difficultés conjoncturelles de l'économie mondiale de la décennie 1980 consécutives au renchérissement du cours du pétrole et de la persistance de l'inflation, une tendance à la baisse de l'aide extérieure se manifeste gênant l'action économique des nouvelles nationales indépendantes. La croissance économique de ces pays se trouve stoppée faute de ressources.

Dumont exprime son inquiétude face à cette situation quand il analyse le contexte africain des années 70 en publiant son ouvrage l'Afrique noire est mal partie.[41] Il confirmera plus tard ce constat en analysant la situation de l'Asie à travers le Bangladesh en publiant l'aide contre le développement[42].

L'Afrique se trouve dans une situation où la faiblesse de sa production intérieure ne lui permet pas de dégager des ressources suffisantes pour sa croissance et développement et où la baisse tendancielle des ressources de l'aide au développement lui bloque le processus conduisant au seuil du développement.

Ce qui signifie qu'en fait tout ensemble économique qui veut éclore doit compter sur ses propres capacités productives (population active, ressources financières internes, technologies adaptées, structures institutionnelles) à condition qu'il ne subisse pas les influences extérieures.

1.3.5. La persistance des luttes internes d'hégémonie

L'Afrique indépendante a souffert pendant longtemps des interventions des puissances ex-coloniales qui ne voyaient pas d'un bon œil la perte de leurs intérêts. Leur soif permanente de puissance, de

---

[41] Dumont René, *L'Afrique noire est mal partie*, Edition Le Seuil - coll. "Esprit", Paris, 1962(réédition en 2012)

[42] Dumont René et Paquet Charlotte, *Finis les lendemains qui chantent. Tome 3 : Bangladesh-Népal, « l'aide » contre le développement,* Edition Le Seuil - coll. « L'Histoire immédiate », Paris, 1983.

domination, de possession de zones d'écoulement de leur production industrielle, de zones de détention de matières premières les ont conduits à la mise en place d'une stratégie néo coloniale.

Fidèles au l'adage de diviser pour régner, les dirigeants de ces puissances se sont transformés en conseillers politiques, diplomatiques, financiers, économiques, stratégiques et doctrinaires des Etats africains souverains auxquels ils ont fait croire que la souveraineté étatique solitaire est plus avantageuse qu'une gestion collaborative en partenariat avec d'autres États.

Sur cette base, les ensembles territoriaux créés par la colonisation en Afrique de l'Ouest et centrale française (Afrique de l'Ouest française/Afrique de l'Est Centrale) et par la colonisation anglaise en Afrique orientale et méridionale (fédération de l'Afrique orientale/Fédération de l'Afrique méridionale) ont été démantelés progressivement pour céder la place à des Etats souverains avec à leur tête des chefs d'Etats dotés de privilèges.

La voie est ainsi ouverte pour entretenir les conflits d'intérêts entre les dirigeants des Etats qui, au lieu de rechercher les intérêts collectifs des peuples, s'emploient à la recherche de leurs intérêts personnels et de la protection de leurs privilèges induits par les fonctions régaliennes. Quand les dirigeants ne répondent plus aux exigences du protecteur, ce dernier les élimine par des coups d'Etats ou des révolutions.

De l'indépendance au début de la décennie 1990 soit trente (30) ans de jouissance de la souveraineté internationale, rares sont les pays africains qui n'ont pas connu de coups d'Etat. Le pouvoir militaire est devenu le passage obligé pour la gestion du pouvoir d'Etat alors que le militaire n'est pas formé pour la gestion de l'appareil d'Etat mais pour la défense du territoire, la protection des biens et des personnes.

La possession du pouvoir d'Etat a fait naître des conflits entre les politiciens, chacun recherchant les privilèges de la détention de l'autorité, la protection des intérêts claniques, la constitution de clientèle électorale en cas de besoin, l'affirmation de sa personnalité pour conquérir les communautés humaines.

Si plusieurs guerres civiles ont apparu en Afrique depuis 1960, c'est parce que l'unité nationale n'a pas été recherchée, les brimades de population de clans ou de tribus différentes ont été entretenues, des minorités de population ont été privilégiées par rapport à la majorité dans la détention des postes d'Etat et des avantages ont été accordés à des non méritants.

L'évolution politique africaine confirme ce que Marx et Engels[43] écrivaient en 1847 dans le manifeste du parti communiste que l'histoire des peuples a toujours été une histoire de lutte des classes. Lénine disait de cela que :

> « Cet ouvrage expose avec une clarté et une vigueur remarquables la nouvelle conception du monde, le matérialisme conséquent étendu à la vie sociale, la dialectique, science la plus vaste et la plus profonde de l'évolution, la théorie de la lutte des classes et du rôle révolutionnaire dévolu dans l'histoire mondiale au prolétariat, créateur d'une société nouvelle, la société communiste. »

Les dirigeants du monde capitaliste ont intériorisé cette philosophie pour l'appliquer au contexte africain sans vouloir déboucher sur la société communiste qui gênerait leur intérêt et leur vision économiques. L'alimentation des conflits internes par les forces extérieures détournent les dirigeants africains de leurs missions réelles qui sont de rechercher le bonheur des populations dont ils ont la charge.

La polarisation des dirigeants africains vers les problèmes identitaires et la gestion patrimoniale du pouvoir d'Etat ont vite fait de détourner l'attention des préoccupations fondamentales qui visent la satisfaction des besoins fondamentaux des populations quelles qu'elles soient. Il découle de cette attitude un blocage du développement africain.

*
* *

Les habitants du monde actuel ont mis du temps pour comprendre qu'ils sont liés par des intérêts communs reposant sur le sort de l'humanité. Le sort de l'être humain est associé à bien des égards à celui de son environnement et la fin de l'un signifie irrémédiablement la fin de l'autre.

Depuis l'apparition de l'homme sur terre, celui-ci s'est évertué avec son intelligence à s'organiser en créant des structures et des institutions dans lesquelles il évoluera, en produisant des biens et services nécessaires à sa survie, en se dotant de moyens de communi-

[43] Marx Karl et Engels F., *Le manifeste du parti communiste*, Bibliothèque nationale allemande, 1847.

cation pour connaître l'étendue de son espace et vie et ce qui s'y trouve.

Avec des techniques rudimentaires au début de son apparition, l'homme a pu laisser des traces, des vestiges d'œuvres grandioses de l'antiquité à la révolution industrielle. Les sociétés qui se sont édifiées, les civilisations qui ont émergé ont laissé leur marque historique facilitant leur identification et le rôle qu'elles ont joué dans l'histoire de l'humanité.

L'histoire de cette dernière est restée une histoire de peuplement pour occuper l'espace dans lequel l'être humain a été placé. A l'origine seul dans un vaste espace, avec le temps et les vicissitudes de la nature qu'il est arrivé à intégrer dans sa logique vitale, son nombre a subi une augmentation importante qui a fait dire à l'économiste Malthus[44] que le monde court à sa perte parce que les ressources alimentaires croissent de façon arithmétique alors que la population croît de façon géométrique.

Ce phénomène de surpeuplement s'est amplifié depuis la révolution industrielle qui a annoncé le début de l'époque contemporaine où les espaces géographiques sont bien délimités. Depuis la préhistoire et malgré les dénégations européennes de l'époque, l'être humain s'est inséré dans tous les continents (européen, asiatique, américain, africain et océanien). Le choc des civilisations naîtra de la volonté de certains dirigeants des pays de certains continents d'asservir les autres quelles que soient les époques de l'histoire.

Les instruments d'activité économique que les décideurs politiques et opérateurs économiques vont maîtriser leur permettront d'affirmer leur entité spatiale, de mettre en place une philosophie de conquête du monde, d'atteindre un certain niveau de croissance économique.

Grâce à l'utilisation de ses instruments, l'on pense assurer le mieux-être des populations de leur espace géographique, d'apprécier la place de chaque espace de l'environnement mondial, de prédisposer les compétences à une réelle et effective participation aux jeux des échanges mondiaux.

---

[44] Malthus Thomas R., *An Essay on the Principle of Population, as it Affects the Future Improvement of Society with Remarks on the Speculations of Mr. Godwin, M. Condorcet, and Other Writers London*, printed for J. Johnson, in St. Paul's Church-Yard, Edition anonyme de 1798

Ainsi, grâce aux bienfaits de la science de la technique, de leur utilisation dans la sphère de l'activité économique, la différenciation d'évolution entre les ensembles continentaux s'est précisée permettant de séparer les pays industriels considérés comme développés des pays non industriels considérés comme en développement ou sous-développés parmi lesquels le continent africain.

En ce début du 3e millénaire coïncidant avec le début du XXIe siècle, le continent africain d'après les données statistiques de sources variées occupe la dernière place sur l'échiquier mondial avec une population vivant au seuil de la pauvreté.

C'est le défi de la pauvreté qu'il faut résoudre par des actions ciblées qui vont nécessiter de la part des dirigeants africains la mise en œuvre d'un programme intitulé mécanisme d'évaluation par les pairs dont il faut analyser à présent les fondements.

CHAPITRE 2

Fondements du mécanisme d'évaluation par les pairs

La seconde moitié du XXe siècle a été éprouvante pour tous les pays du continent africain puisqu'une fois leur indépendance acquise, les dirigeants chargés de la gestion du pouvoir d'Etat ont été confrontés à d'innombrables problèmes. On peut citer, entre autres, la mise en place des institutions de souveraineté, la création d'une véritable nation dotée d'une identité spécifique, le renforcement de l'unité nationale, la satisfaction des besoins immédiats des populations, le maintien des relations de bon voisinage avec d'autres pays ayant nouvellement accédé à l'indépendance.

En l'absence de véritable cadre opérationnel conçu par les nouvelles autorités africaines, la plupart des pays se sont inspirés de l'expérience léguée par la colonisation tant pour les structures politiques, administratives, techniques, industrielles, commerciales que pour les institutions monétaires, financières et bancaires, ainsi que pour les organes de gestion, de règlement des relations entre les agents économiques que sont l'Etat et ses démembrements, les entreprises et sociétés, les ménages sans oublier l'extérieur.

Pressées par le temps et le désir de vite atteindre l'état dans lequel se trouvent les autres pays du monde (pays industriels, pays à revenu intermédiaire) les autorités africaines, pour la gestion économique, recourent à un système de planification à l'exemple du pays colonisateur. Cette planification qui se veut autoritaire procède par directives sans concertation avec les bénéficiaires pour les actions économiques à réaliser au profit des populations.

Dans la plupart des pays qui vivaient dans un système multipartite, cette orientation économique contribuera à perturber l'organisation économique héritée de la colonisation, car le système pluraliste sera remplacé par le monopartisme (naissance des partis uniques) qui remplace l'économie libérale par l'économie planifiée c'est-à-dire centralisée alors que les compétences n'ont pas été formées pour ce type de gestion. L'économie dirigiste a entraîné beaucoup de dérapages occasionnés par le non-respect des critères prudentiels macroéconomiques.

Les décideurs politiques, pour défendre les privilèges des dirigeants des nouveaux Etats et se maintenir aussi longtemps que possible au pouvoir, ont organisé la gestion du pouvoir d'Etat sur une base clientéliste, ont recruté du personnel par favoritisme ouvrant la voie à la médiocrité, ont procédé à des choix hasardeux d'investissements pour la réalisation de projets considérés comme mirage du développement et qui ont été à l'origine des éléphants blancs.

Les deux premières décennies des indépendances ont paru très prometteuses pour l'Afrique avec l'amélioration des cours des matières premières renforçant les recettes d'exportations, la diversification de l'aide au développement en provenance des pays du bloc capitaliste comme de ceux du bloc socialiste, le soutien financier des organisations internationales créées après la Deuxième Guerre mondiale comme le Fonds Monétaire International (FMI), la BM et sa filiale l'AID, le PNUD, le Fonds Européen de Développement (FED), la Banque Européenne d'Investissement (BEI), etc.

Cependant, l'amélioration des recettes budgétaires a conduit les décideurs politiques africains à des investissements lourds à faible rentabilité et à un endettement excessif que les recettes futures attendues ne permettront pas de rembourser. Les raisons à cela sont multiples : l'inversion de la conjoncture économique au milieu de la décennie 1970 avec la crise de l'énergie renchérissant les prix des produits importés, la baisse des cours des principales matières premières d'exportation des pays africains, l'apparition des tensions inflationnistes sur les prix des biens importés, le recrutement excessif de personnel administratif, la multiplication des sociétés d'Etat à personnel pléthorique, etc.

Ainsi, à partir de la décennie 80, les pays africains entrèrent en récession économique qu'il fallut endiguer par des programmes d'ajustement structurel (PAS) de la BM, des programmes financiers du FMI, la mise entre parenthèses du système de planification rigide en adoptant des plans glissants, l'inscription des pays dans les objectifs du millénaire pour le développement et surtout l'acception de la pensée unique comme philosophie économique (adoption de la vois libérale de la gestion de l'économie).

La difficile situation économique et sociale des pays africains au début du XXIe siècle obligea les dirigeants à réfléchir à la voie la meilleure pour arrimer l'Afrique à l'économie mondiale et sortir de l'état de sous-développement. Le choix est porté sur le mécanisme d'évaluation des pairs dont nous cernerons ici le concept et analyserons le fonctionnement.

2.1. La conceptualisation du MAEP (Mécanisme africain d'évaluation par les pairs)

La nécessaire compréhension du MAEP passe par une interrogation sur les conditions de sa création, la signification du concept et l'analyse des réalités de cette structure. Cette démarche permet de cerner les manifestations ultérieures du phénomène.

Dans la situation compliquée et complexe de l'économie africaine, qui d'un état de stabilité relative de l'époque pré contemporaine est arrivée à un état d'instabilité préoccupante à l'époque contemporaine, il faut envisager des mesures osées de façon à éviter la stagnation permanente.

Les réflexions préliminaires des dirigeants se sont déroulées dans le cadre d'organismes supranationaux auxquels participaient les responsables de haut niveau des pays africains et dont le consensus s'est finalement porté sur la mise en place d'un mécanisme souple d'évaluation par les pairs afin d'arrimer l'économie africaine aux défis de la contemporanéité.

Ce mécanisme d'évaluation des pairs se fonde sur des principes qui confèrent un cadre juridique à l'organe et qui fixe le mandat que les personnels chargés de sa gestion devraient suivre. Pour en arriver là, il a fallu concilier les recherches de groupes d'experts constitués dans certains pays en l'occurrence l'Afrique du Sud et le Sénégal.

De leur consensus est né le NEPAD qui déterminait les conditions devant régir le partenariat futur de l'ensemble africain de façon à éviter les écueils et à s'assurer un minimum de garantie de succès. A la base du MAEP se trouve donc le nouveau partenariat pour le développement de l'Afrique.

En effet, dans le souci de trouver une formule innovante pour l'émergence africaine, beaucoup d'idées ont été émises par d'éminentes personnalités ou chercheurs. Au bout de la réflexion, le NEPAD sera la fusion du Partenariat du millénium pour le programme de redressement de l'Afrique et du Plan Omega.

La fusion a été finalisée le 3 juillet 2001, donnant naissance à la Nouvelle initiative pour l'Afrique (NAI), qui a été approuvée par le Sommet des chefs d'Etat et de gouvernement de l'Organisation l'Union africaine le 11 juillet 2001.

La finalisation du cadre stratégique de la NAI le 23 octobre 2001 a constitué l'acte de naissance du NEPAD, le Nouveau partenariat pour le développement de l'Afrique. Le NEPAD devient le socle de toute nouvelle stratégie africaine de croissance ou de développement, car :

i- il est l'œuvre des dirigeants africains eux-mêmes (autoévaluation),

ii- il constitue un plan de développement intégré, cohérent et équilibré prenant en compte les principales priorités sociales, économiques et politiques du continent (programme d'actions établi),

iii-il engage les dirigeants africains auprès de leurs populations et de la communauté internationale, dans leur volonté d'amener l'Afrique sur un sentier de croissance durable (vision déterministe de croissance endogène),

iv-il oblige les dirigeants africains à accélérer l'intégration du continent africain à l'économie mondiale (marché commun africain sur base de mondialisation),

v- il définit le cadre de coopération bilatéral que multilatéral aussi un cadre de nouveaux partenariats avec le reste du monde (MAEP).

Le NEPAD demeure donc le pilier du MAEP dont les objectifs sont la promotion de la croissance accélérée et le développement durable, l'éradication de la pauvreté généralisée et extrême, la suppression de la marginalisation de l'Afrique dans le processus de mondialisation. Il en découle des actions prioritaires notamment :

- La réduction du déficit d'infrastructures (pour le fossé numérique, l'énergie, les transports, l'eau et l'assainissement) ;

- La formation des ressources humaines (par la réduction de la pauvreté, l'élimination du déficit éducationnel, le frein à la fuite des cerveaux compétences et l'amélioration de la santé) ;
- Le développement du secteur agricole pour parvenir à l'autosuffisance alimentaire ;
- La sauvegarde et la défense de l'environnement pour éviter la dégradation de l'espace terre dont la survie de l'espèce humaine dépend ;
- La diffusion et la valorisation de la culture dans tout le continent ;
- Le développement de la science et la technologie.

La mise en œuvre du NEPAD a pour conséquence l'amorce de la croissance économique et la promotion du développement, l'augmentation des emplois, la réduction de la pauvreté et de l'inégalité, l'élévation du niveau de vie, la stabilisation de l'accroissement démographique, la diversification des activités productives, l'assainissement du climat des affaires, l'amélioration de la compétitivité internationale et la hausse des exportations, l'instauration d'un climat de paix et de sécurité et enfin le renforcement de l'intégration du continent africain.

Le NEPAD sert ainsi de pilier au MAEP lui fournissant les fondamentaux de son action à travers le principe directeur et le mandat établi.

2.1.1. Le principe

L'Afrique n'a pas pu émerger faute d'une vision claire de ses dirigeants. L'organisation de l'unité africaine (OUA) créée en 1963 et installée à Addis-Abeba s'est occupée essentiellement des problèmes politiques, de règlements des conflits et de la recherche de l'assise internationale des nouvelles nations indépendantes.

Ainsi ont été adoptés les principes de l'intangibilité des frontières héritées de la colonisation, du respect de la politique de bon voisinage ente les Etats, du règlement des conflits éventuels par voie diplomatique ou de missions de bons offices, de l'établissement de coopération bilatérale entre les pays et de recherche de regroupement des pays par voie de coopération sous régionale.

Les vingt (20) premières années de l'accession des pays à la souveraineté internationale (1960-1980) ont été éprouvantes, car le nationalisme étroit n'a pas favorisé les ententes et la prédominance de l'action politique et a défavorisé l'action économique qui a pâti des méfaits de la conjoncture internationale. Les économies africaines qui étaient destinées à un brillant avenir avec des ressources naturelles abondantes ont été frappées d'atonie.

Pour y remédier, les instances de l'OUA ont opté pour la primauté à accorder à l'économie pour l'avenir à travers le plan de Lagos adopté à la conférence extraordinaire des chefs d'Etat et de gouvernement de l'OUA tenue à Lagos les 28 et 29 avril 1980. Cette conférence dans son acte final a convenu, comme le rappelle Agbobli[45], d'un programme et de ses modalités de mise en œuvre autour de la philosophie suivante :

> « ... Le plan d'action de Lagos prend le pari de mener les économies à une effective intégration économique au début du 3e millénaire et prépare ainsi l'ère industrielle du XXIe siècle. Ce que confirmera le sommet de l'OUA tenu à Abuja, en juin 1991 où fut signée la charte économique africaine. »

La situation n'évoluera guère depuis lors si bien que l'OUA, à son sommet des chefs d'Etat et de gouvernement de 2000 à Lomé, décidera de se muer en union africaine (UA) à laquelle sera dévolue la mission économique de redressement de l'Afrique à travers le NEPAD. C'est ce dernier qui détermine à présent les principes ainsi qu'il suit :

- Inscription du développement de l'Afrique dans des programmes régionaux de coopération ;
- Pratique de bonne gouvernance économique et politique dans la gestion du pouvoir d'Etat ;
- Acceptation du programme par les Etats d'un commun accord suivi de l'adoption volontaire par les Etats membres de l'Union Africaine en vue de promouvoir et de renforcer des normes élevées de gouvernance ;
- Evaluation par les pairs du programme sous forme d'auto-évaluation.

---

[45] Agbobli, op. cit., pp. 317-322.

Toute évaluation entreprise dans le cadre du Mécanisme doit se faire sur la base des compétences techniques et doit être crédible et libre de toute manipulation politique. Tels doivent être les principes directeurs du Mécanisme. Ce dernier recommande, pour l'adhésion au MAEP, de respecter la démocratie, les droits de l'homme, les libertés publiques en s'auto évaluant individuellement puis collectivement par les pairs. Sur cette base sera établi un mandat.

2.1.2. Le mandat

Le mandat constitue un pouvoir donné par une autorité à une personne ou à une structure d'agir pour son compte. Dans le cadre de l'UA, l'autorité est la conférence des chefs d'Etat et de gouvernement et la structure opérationnelle est le MAEP, opérant comme agence d'exécution du NEPAD.

Son mandat est de veiller à ce que les politiques et pratiques des Etats participants se conforment aux valeurs convenues dans les quatre domaines précis d'intervention qui sont identifiés en l'occurrence :

- La démocratie et la gouvernance politique ;
- La gouvernance économique ;
- La gouvernance des entreprises ;
- Le développement socio-économique.

Le MAEP oriente tous les pays africains implicitement vers l'application de la nouvelle politique économique fondée sur la pensée unique (libéralisme économique) dans les espaces nationaux. Aussi, pour assurer la croissance économique et parvenir au développement durable, il faut pratiquer la démocratie en politique en misant sur le pluralisme, la bonne gouvernance plurielle (administrative, économique, judiciaire, territoriale par la décentralisation, financière), la gouvernance entrepreneuriale.

La résultante de toutes ces gouvernances est le développement économique des nations pour créer le bien-être collectif, sauvegarder l'environnement, limiter les conflits sociaux, éloigner le spectre de la guerre entre pays, assurer la sécurité collective des nations.

Le mandat prévoit des revues périodiques des pays participants, c'est-à-dire un contrôle permettant d'évaluer les progrès enregistrés dans l'atteinte des objectifs arrêtés d'un commun accord. Cette évaluation est destinée à une remise en cause constante nécessaire à l'amélioration et à la durabilité du processus de développement.

Le mandat du Mécanisme africain d'évaluation par les pairs (MAEP) consiste à s'assurer que les politiques et pratiques des Etats parties sont conformes aux valeurs convenues dans le domaine de la gouvernance politique, économique et des entreprises, ainsi qu'aux codes et normes de la Déclaration sur la gouvernance démocratique, politique, économique et des entreprises. Le MAEP est un instrument accepté mutuellement par les Etats parties pour leur autoévaluation.

C'est pour cette raison qu'il est constaté qu'aucune conditionnalité n'est liée au mécanisme qui agirait comme un épouvantail restreignant l'adhésion et faisant démissionner les membres

2.2. Le fonctionnement du MAEP

La réussite du nouveau partenariat pour le développement de l'Afrique dépend des modalités de mise en œuvre du MAEP, de son mode opératoire, des compétences chargées de l'animer, des critères d'appréciation adoptés pour l'évaluation, des procédures établies pour le choix des actions à mener.

Pour la crédibilité du MAEP, son fonctionnement prend en compte l'organe central d'administration et de gestion du mécanisme tel qu'il a été approuvé par les instances de l'UA et intervient selon un processus où apparaissent les domaines essentiels d'activités.

2.2.1. La constitution

Le MAEP est organisé de telle sorte à séparer les fonctions de supervision et de décision des fonctions de conseil et d'administration, des fonctions de gestion technique, des fonctions de contrôle et d'évaluation.

A ce titre quatre organes sont constitués de façon pyramidale de façon à sauvegarder l'autonomie relative de chaque niveau d'intervention d'acteurs précis. Ainsi, les quatre niveaux d'acteurs se présentent comme suit :

- La plus haute instance de décision est le Comité des Chefs d'État et de Gouvernement participants au Forum (CCEGPF) du MAEP ;
- L'instance intermédiaire de supervision du processus d'évaluation afin d'en garantir l'intégrité est le Groupe des Per-

sonnalités Eminentes (GPE) qui a pour rôle d'examiner les rapports et faire des recommandations au Forum du MAEP ;

- L'instance de coordination est le Secrétariat du MAEP qui fournit l'appui technique, administratif et logistique et sert d'organe de coordination au MAEP ;
- L'instance opérationnelle des tâches pratiques est l'Equipe des missions de revues pays (EMRP) qui visite les Etats membres afin d'évaluer les progrès et qui élabore un rapport MAEP sur le pays.

Le processus se déroule sous forme de centralisme démocratique où un pays qui participe au forum du MAEF évalue lui même ses performances à partir des critères prédéterminés ; le dossier du pays est transmis à l'équipe des missions de revues pays qui établit son rapport à l'attention du secrétariat technique de coordination ; le rapport est ensuite examiné par le GPE qui fait des recommandations au CCEGPF. C'est cette instance supérieure qui prend la décision finale d'adhésion ou non au MAEP.

Est ainsi confirmé l'objectif fondamental du MAEP qui est d'encourager l'adoption de politiques, normes et pratiques en vue de promouvoir la stabilité politique, une croissance économique élevée, un développement durable et une intégration économique sous-régionale et continentale accélérée grâce au partage des expériences et au renforcement des meilleures pratiques et des acquis, y compris l'identification des lacunes et l'évaluation des besoins dans le domaine du renforcement des capacités.

2.2.2. Le processus

Il peut être analysé à travers les travaux des groupes d'experts commis par les instances de l'UA. Il ressort de leurs recherches que tous les Etats membres de l'UA peuvent participer au processus[46]. Une fois qu'a été adoptée par l'Union africaine la Déclaration sur la gouvernance démocratique, politique, économique et des entreprises, les pays désireux de participer au MAEP peuvent en notifier le désir au

[46] http://www1.uneca.org/Portals/aprm/Documents/KeyDocuments/TheAfricanPeerReviewMechanism-APRM_FR.pdf

Président du Comité des chefs d'Etat et de gouvernement chargé de la mise en œuvre du NEPAD.

Par cette notification, les Etats membres concernés s'engagent à se soumettre à des évaluations périodiques entre pairs, à faciliter ces évaluations et à être guidés à cet égard par les paramètres convenus pour la bonne gouvernance politique, économique et des entreprises.

Les adhérents doivent toujours avoir à l'idée que le processus du MAEP s'intéresse à quatre domaines que sont la démocratie et gouvernance politique, la gouvernance économique et gestion, la gouvernance des entreprises et le développement socio-économique.

Le processus est axé sur l'évaluation périodique des politiques et pratiques des Etats parties pour s'assurer des progrès enregistrés dans la réalisation des objectifs convenus et du respect des valeurs de la gouvernance politique, économique et des entreprises, ainsi que des codes et normes de la Déclaration sur la gouvernance démocratique, politique, économique et des entreprises.

Le processus d'évaluation entre pairs amènera les pays à analyser sérieusement l'impact des politiques nationales non seulement sur la stabilité politique et la croissance économique dans chaque pays, mais également dans les pays voisins. Il encouragera l'obligation mutuelle de rendre compte et la réplique des meilleures pratiques.

Selon les dernières statistiques du PNUD[47] dans le rapport du développement humain, l'on constate que les pays africains se trouvent à différents niveaux de développement au moment d'adhérer au Mécanisme (quatre (4) pays ayant un IDH élevé/ treize (13) ayant un IDH moyen/ et le reste soit tente cinq (35) des pays affichant un IDH faible).

Pour cette raison, chaque pays est évalué (l'évaluation de base) et un calendrier précis (programme d'action) est établi pour le suivi des progrès enregistrés dans la mise en œuvre des normes et des objectifs fixés, en tenant dûment compte des circonstances particulières de ce pays.

*

* *

---

[47] PNUD, *Rapport sur le développement humain 2014. Pérenniser le progrès humain : réduire les vulnérabilités et renforcer la résilience,* Edition Communications Développent Incorporated, Washington, 2014.

Aucune entité géographique constituée ne peut évoluer sans un minimum d'organisation, des ressources humaines compétentes, des structures administratives, économiques, techniques appropriées, des moyens logistiques adaptés, une technologie spécifique et des relations de bon voisinage sereines.

La plupart des pays des continents de la planète ont su créer cet environnement complet intégrant tous ces éléments leur permettant de s'inscrire dans la dynamique de la mondialisation et de se tisser une place dans le concert des nations. Elles font partie des nations à croissance rapide ou à revenu intermédiaire.

Depuis la révolution industrielle, les nations ont été répertoriées et classées selon leur avancée économique, leur niveau d'indice de développement humain, la place qu'occupe le renforcement des capacités, la possession de brevets d'invention, leur place dans les échanges mondiaux, l'état de promotion des valeurs démocratique, le nombre de scientifiques disponibles au plan national.

L'Afrique du XXe siècle n'a pas pu s'inscrire dans cette dynamique et donc a subi un énorme désavantage dans l'évolution économique mondiale si bien qu'elle constitue la terre d'élection de la pauvreté absolue et concentration des guerres civiles, des tensions sociales internes et des revendications des forces productives.

La prise de conscience de cet état de faits a poussé les responsables politiques africains de haut niveau à imaginer une politique osée de redressement à travers le mécanisme d'évaluation des pairs pour lequel une fois cerné le cadre de mise en œuvre, il faut analyser l'organisation dans toute sa dimension réelle.

DEUXIÈME PARTIE

ORGANISATION DU MÉCANISME

Il ne suffit pas de mettre en place une institution dotée d'un cadre dans lequel elle opèrera, de lui fixer des objectifs et de l'encadrer par des dispositions juridiques et techniques, pour que cette stratégie devienne un succès.

Il faut en plus, dans le contexte africain, pour éviter l'improvisation, s'adonner à diverses tâches :

- doter l'institution de l'organisation convenable chargée de le piloter ;
- préciser ses modalités de fonctionnement ;
- énoncer la procédure à suivre pour l'évaluation ;
- fixer la durée des mandats respectifs.

L'organisation, selon l'encyclopédie Larousse[48] s'intéresse à la manière dont les différents organes ou partie d'un ensemble complexe, d'une société ou d'un être vivant sont structurés ou prend en compte la manière dont un Etat, une administration, un service sont constitués.

Dans le cas du MAEP, pour comprendre la pertinence du choix des décideurs politiques, l'organisation s'est appesantie sur les structures fonctionnelles nécessaires et des domaines opérationnels exigeants. En fait, ce sont les exigences de domaines prioritaires de réussite possibles du NEPAD qui vont conditionner la nécessité des structures fonctionnelles.

L'organisation sera analysée dans cette partie à travers les structures fonctionnelles d'une part et les domaines opérationnels d'activité d'autre part.

[48] Académie française, *Larousse*, op. cit.

CHAPITRE 3

Les structures fonctionnelles du MAEP

Une excellente organisation du MAEP est la clé de la réussite d'une telle ambition continentale. Sur la base des principes de neutralité et d'objectivité, le mode d'organisation doit être conçu et élaboré par des personnes de probité morale qui ne s'accordent aucun privilège et qui ne visent pas la pérennisation de leur mandat.

L'efficacité attendue du mécanisme impose une limitation de mandat afin d'éviter la perpétuation de facteurs endogènes de blocage. Dans ce sens, les personnes nommées à la direction du MAEP doivent répondre à un quintuple d'obligations à savoir : une obligation de réserve, une obligation de neutralité, une obligation de confidentialité, une obligation de moralité et une obligation de résultats.

L'obligation de réserve consiste à ne pas avoir d'opinion personnelle sur les questions soulevées. L'obligation de neutralité consiste à ne pas pratiquer de l'ingérence dans les affaires traitées (surtout politiques). L'obligation de confidentialité recommande de garder le secret des dossiers, des décisions et discussions. L'obligation de moralité touche le comportement social qui doit être exemplaire. L'obligation de résultat impose l'atteinte de l'objectif fixé.

Ces exigences qui s'appliquent à tout personnel de haut niveau de la fonction publique nationale doivent s'appliquer au personnel de haut niveau de la fonction publique internationale dans le but de sauvegarder ou de préserver la sincérité des décisions et favoriser l'objectivité des recommandations, suggestions et directives.

Selon les textes d'application, le MAEP est organisé en direction exécutive et en secrétariat technique pour lesquels des modalités et procédures d'investigation ont été déterminées.

3.1. La direction exécutive

Le MAEP constitué a pris soin de séparer les fonctions politiques des fonctions techniques pour ne pas tomber dans les mêmes erreurs que l'ancienne OUA.

Ainsi, à côté du comité des chefs d'état et de gouvernement participant au forum, est mise en place une direction exécutive, sorte de structure de leadership et de gestion pour laquelle une mission est assignée, la composition déterminée la durée du mandat fixée.

Les rapports établis par la direction exécutive sont soumis à l'approbation des chefs d'Etats participant au forum.

3.1.1. Les missions de la direction exécutive

La direction exécutive supervise le processus d'évaluation des pairs et veille particulièrement à l'intégrité du processus. Ses compétences qui sont déterminées dans la Charte régissant le MAEP couvrent le recueil de leurs avis sur le respect des principes démocratiques, l'application des libertés publiques dans la gestion du pouvoir d'Etat, la pratique de la bonne gouvernance à tous les niveaux dans les pays participants au forum.

La direction exécutive rassemble les informations dans tous les domaines prescrits par la chartre de façon à apprécier les avancées notables réalisées dans la mise œuvre des principes démocratiques afin d'extirper les maux dont l'Afrique soufre.

Elle peut requérir les compétences d'organes d'appui tant à l'intérieur des Etats qu'en dehors des pouvoirs publics. A ce titre elle peut commanditer des études spécifiques, des enquêtes de terrains dans les pays membres pourvu qu'elles concernent les domaines d'activités établies.

3.1.2. La composition de la direction exécutive

La chartre du MAEP prévoit que ses activités soient confiées par un Groupe de 5 à 7 éminentes personnalités africaines de haut niveau. Ayant une grande expérience avérée dans les domaines de compétence du MAEP, les membres peuvent être choisis dans l'administration (secteur public), parmi les opérateurs économiques (secteur privé), dans les professions libérales (société civile). L'important est que ces personnalités soient d'une grande intégrité morale et aient fait preuve de leur engagement aux idéaux du panafricanisme.

Présélectionnés par un comité ministériel suite à un appel à manifestation d'intérêt, les membres du Groupe sont proposés par les Etats parties. Leurs conditions d'éligibilité se fondent sur des critères prenant en compte les compétences techniques appropriées dans les domaines de la gouvernance politique, de la gestion macro-économique, de la gestion des finances publiques et de la gouvernance des entreprises.

Leur désignation est du ressort des Chefs d'Etat et de gouvernement des Etats parties qui veillent à ce que la composition du Groupe reflète l'équilibre régional, l'équité genre et la diversité culturelle (francophone, anglophone, lusophone, arabophone).

3.1.3. La durée des mandats des membres

Le respect des principes démocratiques recommande que les mandats ne soient pas illimités transformant l'institution en une sinécure pour personnalités. Deux durées de mandat sont prises en compte à savoir celui des membres et celui du président du groupe.

Le mandat des membres du Groupe est fixé à quatre ans non renouvelables en vue de favoriser la mobilité et l'emploi des compétences. De plus, pour intéresser tous les pays participant au forum, le principe de rotation par pays a été adopté.

Le mandat du président du groupe désigné par les chefs d'Etat est de 5 ans également non renouvelable. L'un des critères de sa désignation est qu'il soit un dirigeant confirmé dans l'un des domaines suivants : gouvernement, administration publique, développement et secteur privé.

Pour éviter des pressions sur les membres du groupe, la Charte a pris des dispositions pour garantir leur l'indépendance, leur objectivité et leur intégrité.

3.2. Le secrétariat technique

Il est la cheville ouvrière du mécanisme : de son organisation dépend le succès de la nouvelle politique économique africaine. Sa fonctionnalité interne découle des conditions de son implantation.

3.2.1. Les conditions d'implantation du secrétariat

Lorsque le MAEP fut lancé, il a fallu le doter d'une structure de secrétariat lui permettant de jouer son rôle. Etant donné que le NEPAD a été à l'origine de son émergence et de son lancement, il fallait par souci d'économie le placer dans le sillage de cet instrument censé favoriser la relance africaine.

L'UA recherchait la meilleure manière de coordonner ses activités de sorte que l'administration du NEPAD et la gestion des activités de la commission de l'union africaine puissent éviter des chevauchements en favorisant des économies d'échelle à tous les niveaux.

Comme le NEPAD s'intéresse aux actions concourant au développement africain dans le cadre d'un nouveau partenariat, ses promoteurs pensaient que le MAEP gagnerait en opérant au sein de cette institution qui peut être considérée comme son parrain. Etant donné que des partenaires extérieurs et des pays africains contribuent par des financements à son fonctionnement, il parait plus judicieux de placer le secrétariat du MAEP sous sa coupe, rendant alors disponibles les moyens de financements de ce dernier.

Le MAEP apparaîtrait comme le mécanisme de direction et d'animation du NEPAD comportant un dispositif inédit de suivi et d'auto-évaluation, supervisé par un groupe des membres volontaires de chefs d'Etats et de Gouvernements, sous le contrôle technique d'un panel de personnalités éminentes.

Parce que le NEPAD a réussi dans plusieurs domaines comme le Programme Détaillé pour le Développement de l'Agriculture en Afrique, (PDDAA), le Plan d'Action pour l'Afrique de l'UA/NEPAD (PAA), le Protocole sur le cadre politique et réglementaire relatif aux Infrastructures TIC à haut débit, le Plan d'Action pour l'Environnement, le Plan d'Action Consolidé des Sciences et Technologies etc., il offre le cadre idéal pour servir de secrétariat au MAEP.

Ceci s'impose d'autant que pour davantage de visibilité et de cohérence dans les actions et, pour éviter toute duplication avec la Commission de l'Union Africaine (CUA), les Chefs d'Etat réunis à Maputo ont, dès 2003, clairement recommandé l'intégration du NEPAD dans les structures et processus de l'UA matérialisée par la Décision (Assemblée/ UA/Déc.283-XIV) prise par les Chefs d'Etat lors de la 14e Session ordinaire de l'Union Africaine.

3.2.2. La fonctionnalité technique

Le secrétariat du NEPAD est le même que celui du MAEP pour plus d'efficacité. Ainsi, pour appuyer le GPE dans leurs missions, il est mis en place avec l'approbation du Groupe, un Secrétariat technique dépositaire des actes du MAEP. Ce Secrétariat compétent et doté des capacités techniques appropriées est chargé d'accomplir le travail analytique nécessaire pour le processus d'évaluation entre pairs et se conformer aux principes du MAEP.

Il lui revient de mettre en place une base de données sur la situation politique et économique dans tous les Etats parties ; d'élaborer les documents de base pour les équipes d'évaluation entre pairs ; de proposer les indicateurs de performance et suivre la performance de chaque pays.

Selon les responsables[49] du MAEP, le secrétariat technique peut recourir aux services des institutions et experts africains qu'il juge compétents et appropriés dans le cadre de la mise en œuvre du processus d'évaluation entre pairs.

Il piste des compétences avérées pour faire carrière dans la gestion du mécanisme et les proposent au recrutement de la direction exécutive.

Les services du secrétariat technique sont organisés par le premier responsable nommé par la direction exécutive et comportent des départements qui correspondent aux champs d'action couverts par le MAEP. Chaque département utilise un personnel spécialisé et dispose d'une liberté d'entreprendre lui permettant d'être en relation avec les correspondants extérieurs assurant les mêmes missions.

Le secrétariat technique est l'organe pivot de centralisation des informations nécessaires à la mise en œuvre du MAEP. Il existe en conséquence une identité remarquable entre le secrétariat du NEPAD et celui du MAEP qui permet d'inférer que les deux institutions ont le même secrétariat.

En concevant un mécanisme intégré au NEPAD, la structure du MAEP ressemble à ceci :

[49] www1.uneca.org/.../The African Peer Review Mechanism-APRM_FR.pdf

STRUCTURE DU MAEP

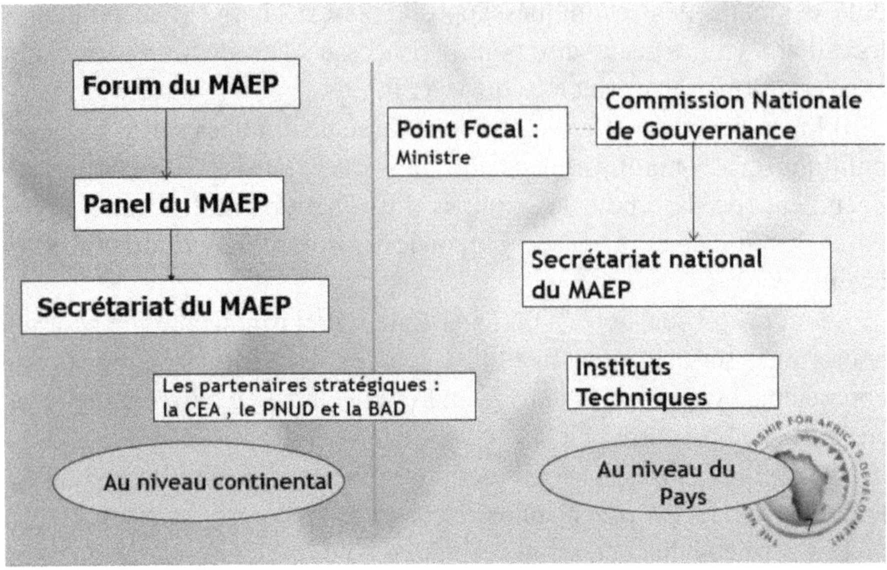

<u>Source</u> : Secrétariat du MAEP
<u>Légende</u> : La structure du MAEP comporte au niveau continental : le forum des chefs d'Etat et de gouvernement, le panel des personnalités éminentes et le secrétariat technique le panel/ et au niveau national : un point focal de niveau ministériel auprès duquel siège la commission nationale de la gouvernance, un secrétariat national et des instituts techniques.
Appuient ses structures des partenaires considérés comme stratégiques dans la mise en œuvre de tout processus de croissance économique ou de développement à savoir la CEA, le PNUD, la BAD et d'autres sources bilatérales et multilatérales ainsi que des organisations internationales non gouvernementales (OING). Le processus commence au niveau national avant de parvenir au niveau continental.

3.3. Les modalités et procédures d'investigation

La direction exécutive comme le groupe des personnalités éminentes s'appuient sur l'expertise du secrétariat technique pour accomplir leurs missions dont la plus importante est d'amener les pays à l'adhésion en ayant à l'idée les modalités et types d'évaluation, en maîtrisant le processus de l'évaluation et respectant la durée prescrite pour l'évaluation.

Le respect de la procédure d'investigation est le gage de la promotion du mécanisme auprès des éventuels candidats à l'adhésion et permet aux acteurs des futurs membres de s'imprégner des méthodes d'élaboration des dossiers puisque les experts du mécanisme travaillent avec les experts des pays candidats à l'adhésion.

La périodicité de l'évaluation renforce l'efficacité attendue du mécanisme en favorisant une remise en cause enrichissante pour la crédibilité de l'organisme. Le suivi évaluation régulier évite de retomber dans les erreurs du passé et sécurise non seulement les avancées constatées, mais également les perspectives futures qui se dessinent.

3.3.1. Le mode d'action et les types d'évaluation

Il s'agit ici d'apprécier le mode d'action spécifique du MAEP. Lorsqu'une entité géographique africaine constituée aspire à l'adhésion, conformément aux prescriptions formelles du mécanisme, elle doit s'astreindre aux activités ci-après :

- Elaborer de façon précise un programme d'actions,
- Préciser un calendrier précis d'exécution des points d'intérêts de la Déclaration sur la gouvernance démocratique, politique, économique et des entreprises,
- Fixer les dates retenues des évaluations périodiques.

Ce document complet est transmis aux instances du MAEP en transitant par le secrétariat technique. A la suite du dépôt, quatre types d'évaluation s'effectuent sur la base du chronogramme qui suit :

- Dix-huit (18) mois après l'adhésion du pays : 1re évaluation (Première possibilité) ;
- Deux ou quatre ans (2 ou 4) après l'adhésion du pays : Evaluations Périodiques (deuxième possibilité) ;
- A tout moment après l'adhésion : Evaluation sur demande volontaire des Etats (Troisième possibilité) ;
- En cas de signes annonciateurs de crise durable dans un pays : Evaluation sur Requête (quatrième possibilité)

Les types ou formes d'évaluation se font sous la vigilance du GPE et le contrôle du secrétariat technique.

3.3.2. Le processus de l'évaluation

Le processus se déroule en phases successives et l'on ne peut pas passer à une phase ultérieure sans avoir rempli les conditions de la phase antérieure. Les validations de phases sont cumulatives de la phase une (1) à la phase cinq (5).

Phasc 1 :

Etude sur l'admissibilité du pays candidat à travers la gouvernance politique, économique et des entreprises et sur le niveau de développement dans le pays.

La source documentaire provient des sources nationales et internationales diverses qui permettent au secrétariat technique d'établir son rapport.

Phase 2 :

Mission d'équipe d'évaluation sur le terrain en suivant un ordre prioritaire des activités.

Les acteurs à consultés sont : le gouvernement, les hauts responsables des administrations et du secteur des opérateurs économiques, les partis politiques, les parlementaires et les représentants des organisations de la société civile (y compris les médias, les intellectuels, les syndicats, les entreprises, les associations professionnelles).

Phase 3 :

Elaboration du rapport d'évaluation à partir du document de travail du secrétariat technique et des consultations faites sur le terrain.

Le rapport précise le programme d'action avec les engagements pris dans le domaine de la gouvernance politique, économique et des entreprises.

Le rapport ne sera définitif qu'après discussions avec les autorités (gouvernement) dont les commentaires et observations sont annexés au rapport de l'équipe.

Tous les problèmes identifiés doivent figurer dans le rapport entre autres : la manifestation de la volonté politique pour évoluer en suivant les prescriptions, les mesures à rendre pour réussir le programme d'action, la répartition des ressources à mobiliser sur le plan interne et externe.

Phase 4 :

Soumission du rapport du secrétariat technique du MAEP à l'attention des Chefs d'Etat et de gouvernement des Etats parties. Ces derniers examinent et adoptent le rapport final par une décision ayant force obligatoire et exécutoire

La décision ouvre la voie à l'assistance requise au pays adhérant, pour la mobilisation des ressources de financement des actions, pour la fourniture de l'assistance technique.

Le respect des délais requis pour la prise de mesure est un critère de volonté politique qui joue en faveur du pays partie à l'adhésion.

Phase 5 :

Présentation officielle et publique du rapport final aux structures régionales et sous-régionales de l'Union africaine en l'occurrence : le parlement panafricain (PPA), la commission africaine des droits de l'homme et des peuples CADHP, le Conseil de paix et de sécurité (CPS), le Conseil économique, social et culturel (CESC).

Cette phase achève le processus de l'évaluation par les pairs en posant l'interrogation sur sa durée.

3.3.3. La durée de l'évaluation entre pairs

Le processus paraît long si l'on s'intéresse aux phases successives qu'il faut respecter (de 1 à 5). Mais en fait, les phases 1 à 5 sont des phases préparatoires à la décision à prendre sur la base du rapport final du secrétariat technique soumis au groupe des personnalités éminentes.

Le processus d'évaluation dans un pays ne devrait donc pas durer plus de 6 mois, à compter de la date du début de la phase 1 jusqu'à la date à laquelle le rapport est soumis aux Chefs d'Etat et de gouvernement, pour examen. Les types d'évaluation ne se mettent en œuvre qu'après la décision d'acceptation de l'adhésion.

*

* *

Les structures fonctionnelles du MAEP ont permis d'apprécier la vitalité de l'institution mise en place puisqu'elles séparent les fonctions politiques des fonctions administratives à travers la direction exécutive, le secrétariat technique et les modalités et procédures d'évaluation.

L'apparente lourdeur qui transparaît à travers le processus est une des garanties de sécurité établie pour éviter que la précipitation dans l'évaluation ne conduise à des échecs préjudiciables concernant l'émergence tant recherchée des économies africaines et leur droit de cité dans le concert des nations.

L'organisation du mécanisme n'a pas pris en compte directement le problème de son financement parce qu'elle estime qu'une structure bien organisée sur des bases solides avec des poids et des contrepoids trouve toujours des moyens pour son fonctionnement et son développement.

Dans le cas du MAEP, une fois le programme d'actions établi, la volonté politique manifestée, la décision d'approbation du rapport final prise par les chefs d'Etat et de gouvernement, les ressources de financement sont mobilisables sur la base des actions collectives des instances décisionnelles.

Les actions à financer par le mécanisme disposent d'une assurance vie qui fait que les contributions proviennent des Etats membres, des institutions internationales, des institutions financières qui sont intéressées par la bonne gouvernance plurielle qui sécurisent leurs fonds.

C'est pourquoi la préoccupation des dirigeants africains se trouve portée sur les domaines opérationnels du MAEP.

CHAPITRE 4

Domaines opérationnels

La réussite d'une institution dépend des domaines d'activités qu'elle couvre, des personnels chargés de sa mise en œuvre, des conditions de leur matérialisation, de leur contribution à l'ensemble du système économique, des missions qui leur sont assignées, des effets attendus de leur exécution et surtout des moyens mobilisés pour leur réalisation.

Les autorités chargées des politiques ont souvent l'habitude de distinguer entre les domaines prioritaires et les domaines non prioritaires, les actions de court terme, de moyen terme et de long terme, les opérations à incidence individuelle ou les opérations à incidence collective, les actions créatrices de richesse qui améliorent le surplus économique.

Aussi le choix des domaines d'activités est-il déterminant pour l'efficacité de l'idéal poursuivi ou recherché dans l'intérêt des acteurs identifiés : décideurs, exécutants, techniciens ou des agents de l'activité économique : producteurs, consommateurs, financiers et distributeurs.

4.1. Les fondements du choix des domaines

Les domaines d'activités ciblés devront tenir compte des défis de la société industrielle pour laquelle la sauvegarde de l'environnement est un axe privilégié ; de cette sauvegarde dépend l'avenir même de l'humanité, car le dérèglement climatique a pour conséquence la perturbation de la régularité des saisons, la montée de la sécheresse et l'avancée des déserts.

Le MAEP, dans la cadre du NEPAD, a voulu imprimer une certaine dynamique qui prend en compte toutes ses préoccupations et qui sont intégrées le document de base du MAEP, adopté au cours du sommet inaugural de l'UA de Durban, en Afrique du Sud, le 8 juillet 2002.

Les domaines d'activités à couvrir tirent leur source des valeurs démocratiques à sauvegarder, de l'obligation des dirigeants de rendre compte, de l'action de promotion de la représentation politique qui permet à tous les citoyens de participer au processus politique dans un environnement libre et équitable.

4.1.1. Les bases du choix du domaine

La difficulté des dirigeants africains pour la mise en œuvre du MAEP est de cibler les secteurs dans lesquels l'on doit pouvoir agir pour remplir les meilleures conditions d'ancrage de la croissance économique ou du développement durable dans la conscience citoyenne.

Les secteurs d'activité économique avant l'ère industrielle se comptaient sur les doigts et les responsables politiques n'avaient à leur disposition que les domaines de la chrématistique naturelle dont le penseur Aristote[50] est le défendeur. Cette dernière couvrait le secteur de l'agriculture, de l'élevage et de la pêche.

La stabilisation des grandes masses humaines, après les guerres de religion, la guerre de cent (100) ans, la guerre de trente (30) ans et l'élimination des maladies endémiques comme la peste qui décima une grande partie de la population européenne, ouvrit l'époque de la transition avec l'esprit de la renaissance, la remise en cause de l'obscurantisme de l'église catholique.

Les corps de métiers qui émergèrent par les activités créatrices manuelles firent apparaître de nouveaux secteurs d'activités qui contribuèrent au renforcement des productions intérieures nationales,

---

[50] Aristote (vers 384 – 322 av. J.-C.) montre dans de nombreux textes dont l'*Éthique à Nicomaque* la différence fondamentale entre l'économique et la chrématistique, autant que la *Politique*. La chrématistique est l'art de s'enrichir, d'acquérir des richesses. Elle s'oppose à la notion d'économie (de *oïkos*, la maison donc la communauté au sens élargi, et *nomia*, la règle, la norme) qui désigne, elle, *la norme de conduite du bien-être de la communauté*, ou maison au sens très élargi du terme. Aristote introduit deux formes possibles de chrématistiques (naturelle/artificielle ou commerciale.

à l'accroissement de la richesse permettant l'apparition d'une classe moyenne privilégiée dont les revenus alimentent la consommation.

L'ère industrielle de l'époque contemporaine accentua le phénomène de diversification des secteurs d'activités puisqu'en plus de domaines du monde rural et artisanal, le domaine industriel offrira aux populations une plus grande possibilité de choix à travers des domaines plus spécialisés en égard du goût de consommateurs.

La comptabilité nationale des espaces géographiques constitués détaille tous les domaines de l'activité économique où les agents économiques opèrent et où les dirigeants peuvent améliorer les conditions de vie des communautés humaines.

Les domaines à considérer par les décideurs découlent des besoins fondamentaux exprimés par les populations, les structures de productions et les institutions créées qui expriment aussi des besoins, car tout en étant producteurs elles sont consommateurs.

4.1.2. La détermination de la réglementation

Comme pour la gestion d'une entité spatiale dont la forme achevée est l'Etat, il faut des textes réglementaires sous formes de constitution, de lois, d'ordonnances, d'arrêtés, de décisions, de notes de services, etc. Les autorités initiatrices du MAEP ont fixé le cadre juridique d'opérationnalité du mécanisme. Elles se sont appuyées sur les bases juridiques du NEPAD pour inspirer l'armature juridique du MAEP.

Donne donc existence juridique au MAEP la décision cotée ci-après de l'union africaine :

> « ASSEMBLY/AU/DEC.527(XXIII) DÉCISION SUR L'INTÉGRATION DU MÉCANISME AFRICAIN D'ÉVALUATION PAR LES PAIRS (MAEP) DANS L'UNION AFRICAINE Doc. EX.CL/851(XXV)
>
> La Conférence,
>
> 1. PREND NOTE du rapport du Forum du MAEP sur l'intégration du MAEP dans les structures de l'Union africaine ;
>
> 2. DECIDE que le MAEP est une institution autonome, au sein du système de l'UA ;
>
> 3. DEMANDE à la Commission de l'Union africaine et au Secrétariat du MAEP de mener des consultations sur les modalités pratiques qui entrent en ligne de compte dans l'intégration du MAEP dans le système de l'Union africaine, sachant que :

i) Le MAEP bénéficie de l'adhésion volontaire des États membres de l'UA ;

ii) il est autonome dans ses processus financier et budgétaire ;

iii) sa personnalité juridique, son architecture et sa gestion des ressources administratives, humaines et financières se fondent sur les procédures normalisées du système de l'Union africaine. »

Ainsi, c'est donc d'une des conférences des chefs d'Etat de gouvernement de l'UA de l'année 2003 que le MAEP tire son existence juridique et se voit déterminer ses domaines d'activité.

4.2. Les domaines ciblés

Selon Magnoux[51], « le Mécanisme africain d'évaluation par les pairs ou MAEP est un instrument, au rayonnement continental, établi par et pour les États africains. Regroupant 34 pays sur 54 sur la base d'une adhésion volontaire, il est destiné à évaluer les pratiques des États en matière de gouvernance, dans quatre domaines : la démocratie et la gouvernance politique, la gouvernance et la gestion économiques, la gouvernance d'entreprise et le développement socio-économique. En garantissant à la fois une auto-évaluation de l'État, une évaluation externe et enfin une évaluation par les pairs, le mécanisme offre l'opportunité d'une double fenêtre de dialogue : entre l'État et sa société civile et entre les États eux-mêmes ».

Après les diverses consultations et discussions entre partenaires de haut niveau, les quatre domaines d'activités retenus pour le MAEP sont :

- la démocratie et la gouvernance politique ;
- la gouvernance et la gestion économiques ;
- la gouvernance d'entreprise ;
- le développement socio-économique.

4.2.1. La démocratie et la gouvernance politique

La période contemporaine n'a pas été celle de la stabilité politique de l'ensemble africain puisque ce dernier a appliqué en politique les textes hérités de la colonisation. Par effet mimétique des puissances colonisatrices dont le système politique était basé sur le multipartisme, les différentes colonies s'inscrivent dans cette option.

---

[51] Magnoux Claire, Groupe de recherche et d'information sur la paix et la sécurité, Note d'analyse, Bruxelles, 2014.

Dans les colonies, la séparation des pouvoirs était de règle avec un pouvoir politique issu d'élections libres, un pouvoir législatif doté d'assemblée, un pouvoir judiciaire disposant d'autonomie judiciaire. Cette adoption calquée sur le principe de la puissance coloniale donnait l'impression d'être meilleure sans qu'une autre alternative ait été appliquée.

C'est pourquoi depuis les indépendances, la situation politique des Etats africains a évolué au gré des humeurs des dirigeants détenteurs du pouvoir d'Etat. Mus par le pouvoir personnel, la plupart des dirigeants instaurèrent le monopartisme (parti unique). Sans contre-pouvoir réel, la dégradation de la situation économique a amené à l'instabilité politique, à des agitations sociales rendant les pays ingouvernables.

La conséquence en est la prise de pouvoir par les militaires par des coups d'Etat qui auront lieu durant la première décennie des indépendances. Les pouvoirs d'exception mirent entre parenthèse la démocratie, gouvernèrent par ordonnance- lois et décrets et se taillèrent parfois des constitutions sur mesure. La dictature ouvrit la voie au favoritisme, au clientélisme, à la médiocrité et au gaspillage des ressources issues de l'activité économique.

Ainsi, trente ans après l'accession de la majorité des pays à la souveraineté internationale, les erreurs de gestion politique du pouvoir et les mauvais choix économiques conduisirent au blocage des économies impliquant l'agitation sociale annonçant les conférences nationales pour un changement de régime. Les populations réclamèrent donc plus de démocratie et plus de liberté leur permettant de mieux prendre en charge leur destin.

L'instabilité politique a ainsi hypothéqué la croissance économique mettant les pays africains dans une situation de marasme généralisé rendant précaires les conditions sociales. Le retard de l'Afrique par rapport aux autres continents se creuse. D'où la nécessité d'une autre politique que le MAEC tente d'incarner à travers l'un des domaines de ses activités : la démocratie et la gouvernance politique.

Par ce premier axe de dispositions régaliennes, les Etats africains cherchent à rompre avec le passé en s'inscrivant dans le sens du progrès. Ce domaine ciblé veille à ce que les Constitutions des Etats membres reflètent les valeurs démocratiques, garantissent l'obligation de rendre compte et, promeuvent la représentation politique permettant à tous les citoyens de participer au processus politique dans un environnement libre et équitable.

Les dirigeants politiques cherchent par cela à favoriser l'action participative collective pour asseoir les bases de la croissance économique et du développement

4.2.2. La gouvernance et la gestion économiques

L'état économique dans lequel se trouve l'économie africaine amène à la réflexion et à la recherche de solution solide pour faire redémarrer l'appareil économique. L'on ne peut y parvenir sans faire l'état des lieux, sans analyser les causes ayant conduit à cette situation, sans faire état des forces et faiblesses de l'action économique menée et surtout des pesanteurs qui ont affaibli l'appareil économique.

Durant l'époque coloniale de la période contemporaine, l'économie des pays africains basée sur l'économie de traite s'autosuffisait, car les puissances coloniales s'organisaient pour que les colonies satisfassent à leurs propres besoins à partir des ressources générées par les exportations de produits primaires et servaient au payement des biens manufacturés fournis par le colonisateur.

L'espace colonial était un prolongement de la métropole et seuls les investissements pour travaux d'infrastructures étaient considérés comme des dettes à rembourser confirmant la philosophie coloniale : l'exploitation des espaces de réserves de matières premières et d'écoulement de produits industriels. L'Afrique servait de vache à lait pour la puissance coloniale jusqu'aux indépendances. Ce qui est confirmé par Amin[52] dans son ouvrage l'Afrique de l'Ouest bloquée et le développement du capitalisme à l'échelle mondiale.

La dégradation de la situation économique africaine devint tendancielle après les deux premières décennies des indépendances du fait de plusieurs facteurs parmi lesquels la mauvaise gestion économique, les choix hasardeux d'investissements, la corruption généralisée, la mauvaise conjoncture mondiale où se conjuguent la baisse des cours des matières premières, le renchérissement des prix des produits manufacturés, l'augmentation des cours de l'énergie, la baisse des financements extérieurs, etc.

Sans une politique économique efficace basée sur des principes d'équité et d'exigence financière, aucun redressement n'est possible. C'est cela qui a justifié le choix du deuxième axe des dispositions ré-

---

[52] Amin Samir, op. cit.

galiennes du MAEP entre autres : La bonne gouvernance économique qui comprend la transparence dans la gestion financière est un prérequis essentiel à la promotion de la croissance économique et à la réduction de la pauvreté.

4.2.3. La gouvernance d'entreprise

Dans la comptabilité nationale, parmi les agents économiques qui opèrent, les entreprises occupent une place essentielle à côté de l'Etat. C'est elle qui participe le plus à l'activité économique, à la création de la richesse, à la distribution de revenu, à l'accroissement du surplus économique dont la bonne répartition assure l'équité et la paix sociale.

Si durant la période coloniale, compte tenu de la philosophie économique dominante, l'entreprise a été favorisée malgré sa part modeste dans la participation de la production nationale, à partir des indépendances, eu égard à la philosophie économique adoptée qui priorise dans les pays l'interventionnisme à partir des sociétés d'Etat, l'entreprise sans le sens d'unité de créativité personnelle sera reléguée au second plan.

Ce désintérêt pour le secteur de l'entreprise a eu des conséquences graves pour l'économie africaine en ce sens que la lourdeur de l'appareil productif des sociétés d'Etat, le recrutement anarchique des personnels y travaillant, la confusion entre chiffre d'affaires et bénéfices, les ponctions des ressources opérées par les dirigeants sur ces sociétés, l'absence de pratique de règles strictes de gestion orientant vers une gestion patrimoniale des biens de la communauté... mettent les économies africaines à genoux. Elles sont sinistrées.

Avec leur faible productivité, les entreprises publiques ne peuvent pas assurer la croissance économique nationale et le manque de volonté de réelle promotion de l'entreprise privée jusque vers la fin de la décennie 80 n'augure pas une amélioration de la situation économique africaine. Les entreprises privées qui payant les impôts pouvaient optimiser les ressources nationales étant rares, il faut adopter une autre politique pour redresser la situation.

Le MAEP s'y résoudra donc en adoptant le troisième axe des dispositions régaliennes en priorisant l'entreprise africaine. Comme domaine privilégié, l'on se préoccupera de la promotion des principes éthiques, des valeurs et pratiques conformes aux objectifs sociaux et économiques pour le bénéfice de tous les citoyens. Le domaine de l'entreprise s'attellera à la promotion d'un cadre solide pour une bonne gouvernance des entreprises.

4.2.4. Le développement socio-économique

Le mieux-être d'une population, l'épanouissement des communautés humaines, l'évolution d'une société créée et en pleines mutations, la sauvegarde du cadre de vie pour offrir un espace agréable aux populations, l'état de l'habitat social, l'amélioration de l'indice du développement humain à travers les paramètres sanitaires, éducatifs, infrastructurels, etc. dépendent pour l'essentiel de l'activité économique des pays, groupe de pays ou des continents.

Si l'Afrique avait connu par le passé une situation économique acceptable, c'était du fait de l'absence de faits extérieurs comme la colonisation qui n'ont pas bloqué la capacité endogène d'évolution qui permit la mise en place de royaume, d'empires, ou parfois d'ensembles géographiques bien structurés qui se faisaient entre eux des guerres.

Avant le début de la révolution industrielle de l'époque contemporaine, la recherche de débouchés, le désir de puissance, la propagation d'une éthique religieuse par le prosélytisme, la traite des noirs pour le développement du Nouveau Monde (découverte de l'Amérique), la possession de territoires pour l'écoulement de biens manufacturés expliquait la marque d'intérêt pour l'Afrique.

Cette terre vierge d'Afrique, dotée d'immenses ressources naturelles, a subi toutes les exploitations possibles qui sur l'époque préindustrielle l'ont affaiblie et sur l'époque contemporaine l'ont réduite à néant. Les indépendances souvent octroyées sauf dans de cas rares de luttes de libération nationale l'ont laissée dans une situation d'appauvrissement total dont les causes sont partagées.

Pour certains auteurs comme Lacharrière[53], l'état de marasme économique africain s'explique par la précarité de son commerce extérieur qui accentue le phénomène de sous développement ; pour d'autres comme Vinay[54], l'extraversion du commerce africain et la

[53] Lacharrière Guy, *Commerce extérieur et sous-développement,* Presse universitaires de France, Paris, 1964.

[54] Dumont René, *L'Afrique commerce avec l'Afrique,* Presses universitaires de France, Paris, 1968.

faiblesse des échanges interafricains sont à l'origine de son retard économique.

De plus, pour la plupart des experts économistes, la faiblesse de la production africaine explique la lenteur de sa croissance économique car ne dégageant pas assez de ressources induites par l'activité économique pour sa croissance. A ce titre Hugon[55] constate que l'Afrique représente en 2003 : 10 % de la population mondiale ; 1 % de son PIB ; 1,3 % de ses exportations et moins de 1 % de la valeur ajoutée industrielle mondiale.

Il n'est possible de s'attaquer efficacement à la pauvreté qu'en encourageant la démocratie, la bonne gouvernance, la paix et la sécurité ainsi que le développement des ressources humaines et physiques. La croissance économique suppose une mise en valeur des disponibilités nationales dans un cadre réglementé comportant la vision souhaitée, la stratégie définie et les structures ou organes de mise en œuvre des politiques établies.

*

* *

Le développement s'intéresse aux domaines porteurs dont les effets d'entraînement sur d'autres secteurs créent des conditions endogènes de promotion économique et sociale d'un espace géographique constitué. Les domaines mentionnés par le MAEP ne sont pas exclusifs, mais susceptibles d'adaptation, d'extension ou d'amélioration à travers ses composantes.

L'Afrique avait auparavant mis l'accent, malgré elle et de par la volonté des puissances coloniales, sur des domaines comme l'économie de traite, l'économie de rente qui permirent la pénétration commerciale par l'installation de comptoirs et d'escales et la constitution de relais intérieur.

Dans ses relations avec l'extérieur s'est réalisée une ponction démographique qui a modifié la répartition spatiale de la population dont la conséquence aura été la métamorphose des systèmes de production, une extraversion poussée des économies qui élimine les possibilités de relations intersectorielles, un transfert limité de technique et de technologie sans laquelle il ne peut y avoir d'amorce de croissance ou de développement.

---

[55] Hugon Philippe, *Economie de l'Afrique*, Editions la découverte, Paris, 2003.

Comme le dit si bien Vinay[56] :

« L'Afrique a abordé un stade de son développement qui, compte tenu de ses productions naturelles, se caractérise par l'insuffisance ou la déficience des circuits de distribution…et ne comporte pas encore les moyens générateurs d'une expansion spectaculaire des échanges réciproques. L'Afrique est à la période d'organisation. »

Si l'Afrique traîne à amorcer son émergence, c'est parce que les dirigeants n'agissent pas sur les domaines inducteurs de croissance et de développement. Aujourd'hui, à l'aube du XXIe siècle, le MAEP a compris les erreurs commises et a déterminé les domaines de la démocratie et la gouvernance politique, de la gouvernance et la gestion économiques, de la gouvernance d'entreprise, du développement socio-économique pour agir sur la promotion économique et sociale africaine.

Le chemin parcouru pour le NEPAD peut être alors être apprécié par une évaluation du MAEP depuis son lancement.

[56] Vinay Bernard, op. cit, pp 94-95.

TROISIÈME PARTIE

ÉVALUATION DU MÉCANISME

Lorsqu'un processus est lancé, il faut toujours surveiller sa progression pour voir si la tendance suivie est la tendance prévue, si les orientations souhaitées du phénomène correspondent aux attentes, si l'environnement de son évolution demeure constant de façon que toute conjoncture nouvelle amène à une adaptation.

Le MAEP comporte plusieurs déterminants qu'il faut maîtriser, des facteurs qu'il faut bien manier, des indicateurs qu'il peut conduire à la vision souhaitée, des événements nouveaux qu'il faut intégrer au processus de façon à adapter le mécanisme aux défis qui apparaissent.

La réussite du mécanisme nécessite un suivi évaluation permanent lui permettant de bien répondre aux préoccupations des pairs initiateurs et de satisfaire aux besoins des communautés humaines dont les désirs non seulement augmentent, mais se diversifient.

Evaluer quelque chose suppose l'appréciation de comportement de cette chose dans son processus d'évolution à travers ses composantes, ses éléments d'intérêt. Pour le mécanisme d'évaluation des pairs, les indicateurs ciblés pour sa mise en œuvre doivent pouvoir à tout moment être appréciés de façon à éviter les éventuels échecs.

Les décideurs politiques comme les administrateurs techniciens doivent à tout moment être tenus informés de l'état des indicateurs pour procéder aux ajustements nécessaires à la conduite à bonne fin de la mission assignée. Il s'agit de s'intéresser au contexte d'application du MAEP qui peut changer. Ce changement imposera l'adaptation des principes directeurs, la réforme des structures, l'amélioration des critères d'appréciation.

L'évaluation devient dès lors une nécessité et sert de baromètre pour les ajustements, les réajustements de tendances des indicateurs de performance. L'évaluation du MAEP pourra donc se faire à partir des expériences réalisées d'une part et les imperfections générées d'autre part depuis le lancement du mécanisme.

Ainsi deux volets seront pris en compte dans cette évaluation à savoir les expériences nationales vécues comme éléments de force et les imperfections constatées dans l'application comme éléments de faiblesse.

CHAPITRE 5

Les expériences nationales vécues - éléments de force

5.1. Etat des adhésions

Le MAEP s'est entouré de précaution avant son lancement de façon à éviter les nombreux écueils prévisibles pour une institution novatrice dans les conditions économiques difficiles de l'Afrique contemporaine.

Les préalables à l'adhésion qui commencent par une autoévaluation au plan national, une expertise par un panel d'éminentes personnalités, une analyse critique du forum des pairs, pour déboucher sur une soumission à l'appréciation externe d'institutions crédibles internationales, sont des précautions pour ne pas faillir.

L'adhésion étant volontaire, les pays se doivent d'agir pour remplir les conditions d'adhésion dans le respect des principes fixés, des critères édictés, des redressements suggérés en regard des insuffisances révélées par l'évaluation des experts du secrétariat du MAEP.

Les expériences nationales vécues dans le cadre du MAEP comme premières applications se fondent sur la pertinence du mécanisme, l'état des adhésions réelles et la situation des adhésions en attente.

5.1.1. La pertinence de l'adhésion

La mise en œuvre des recommandations faites constitue des pistes de bonne politique économique qui tente de répondre aux défis communs sociétaux tels que la gestion de la diversité, la lutte contre la corruption, l'installation d'institutions fortes défiant le temps, et le renforcement des compétences de gestion des institutions.

Les orientations nouvelles plus précises contenant des informations exploitables par les nationaux et les partenaires offrent un cadre stratégique approprié de réalisation de l'idéal poursuivi comme la lutte contre la pauvreté, les solutions au défi climatique, l'action participative des populations, la réforme territoriale dont la décentralisation peut être le point crucial.

Les réformes multiples à opérer prennent en compte les dates d'échéance, les budgets à y affecter, le suivi évaluation à observer. En tout état de cause, l'on vise une réalisation réaliste, objective qui débouche sur des coûts estimés abordables excluant l'aggravation de l'endettement souvent néfaste aux économies africaines.

Sachant d'où l'on part et connaissant où l'on va, les adhésions s'en trouvent facilitées comme dans le cas du MAEP.

L'adhésion devrait permettre aux pays de tirer profit de l'action collective des membres dans l'exploitation des ressources, de la mobilité des compétences rendues disponibles par le regroupement, de la minimisation des coûts de production pour rendre les produits issus de l'activité économique accessibles, de la réduction des disparités entre les pays favorisant la libre circulation des personnes et des biens.

5.1.2. Les pays adhérents

Depuis sa création, le MAEP a accompli des progrès significatifs en termes de nombre de pays ayant adhéré au Mécanisme, de déploiement de l'exercice d'évaluation, d'intensification du processus d'évaluation et de niveau de participation et d'engagement des parties prenantes. Le nombre de membres du MAEP continue de croître.

Au 29 Juin 2008, le MAEP comptait 29 Etats membres : Algérie, Angola, Bénin, Burkina Faso, Cameroun, Djibouti, Égypte, Éthiopie, Gabon, Ghana, Kenya, Lesotho, Malawi, Mali, Mauritanie, Maurice, Mozambique, Nigéria, République du Congo, Rwanda, Sao Tomé et Principe, Sénégal, Sierra Leone, Afrique du Sud, Soudan, Tanzanie, Togo, Ouganda et Zambie. Au dixième anniversaire du 9 mars 2014, trente-quatre (34) pays ont adhéré au Mécanisme parmi lesquels Dix-sept (17) d'entre eux ont achevé avec succès leur exercice d'auto-évaluation et ont déjà fait l'objet d'évaluation par les pairs.

Les pays membres adhérents représentent plus des trois quarts de la population du continent et plus de la moitié des pays membres de l'UA soit environ 63 % des Etats membres. Ce succès temporaire prouve la pertinence de la mission, de la stratégie, des modalités et de la procédure déterminées par les initiateurs du mécanisme.

5.1.3. Les pays en attente d'adhésion

En dehors des trente-quatre pays (34) adhérents constaté en 2014, il reste encore vingt pays (20) membres de l'UA qui reste en marge du mécanisme soit 37 % de pays avec une population inférieure à la moitié des habitants du continent. Le ralentissement du rythme des adhésions de nos jours constaté est dû à l'étroitesse du délai imparti au processus d'autoévaluation.

Cependant, il faut se féliciter selon APRM[57] que les rapports nationaux d'évaluation de neuf pays signataires (Ghana, Rwanda, Kenya, Algérie, Afrique du Sud, Bénin, Ouganda, Nigeria et Burkina Faso) ont à ce jour d'ores et déjà été discutés dans le Forum. Ces Etats ont soumis quasiment toutes les facettes de la gouvernance à un examen par leurs propres citoyens, experts africains et finalement homologues Chefs d'Etat, qui sont arrivés à des évaluations franches de problèmes réels et ont développé des Programmes d'action (PDA) pour combler les lacunes en matière de gouvernance.

Les longs délais entre la finalisation du rapport national d'autoévaluation, l'évaluation par les Chefs d'Etat et la publication du rapport (bien au-delà d'une année dans certains cas) ont entraîné une perte d'élan du processus et un fléchissement de l'intérêt public. Malheureusement, le MAEP est méconnu de la majorité des peuples d'Afrique et du reste du monde, d'où la nécessité d'une sensibilisation plus accrue du public au processus du MAEP.

C'est pourquoi, pour l'année 2014, il est envisagé d'intensifier les programmes de sensibilisation et les événements à l'effet de faire connaître le MAEP au public, d'impliquer et d'obtenir l'appui d'un plus grand nombre de parties prenantes. L'objectif est de vulgariser le MAEP en Afrique et dans le reste du monde, pour veiller à ce que le Mécanisme obtienne la reconnaissance internationale méritée.

C'est dans ce contexte que, lors de son 18e Sommet tenu à Addis-Abeba le 26 janvier 2013, le Forum du MAEP a déclaré le 9 mars Journée du MAEP et a approuvé sa célébration annuelle par les pays membres du MAEP. La commémoration permet en effet, de faire de la sensibilisation, de mener des réflexions sur les réalisations du MAEP et les défis inhérents au processus, ainsi que d'explorer les moyens de rehausser l'efficacité du Mécanisme.

---

[57] African review pear mechanism - http://aprm-au.org/node/7290

Pour l'UA[58], la Journée du MAEP ne doit pas être perçue uniquement comme une journée où l'on commémore les réalisations en tant que Continent ; elle doit surtout constituer une journée de réflexion sur les stratégies qui permettront de renforcer le Mécanisme, de consolider nos acquis jusqu'à ce jour et de déterminer la voie à suivre pendant que l'on s' efforcera de relever les défis liés à la stabilité politique, à la paix et à la sécurité, à la croissance économique et au développement durable de notre Afrique auquel nous sommes si fièrement attachés.

Toujours pour l'UA, en cette journée mémorable, l'on doit se féliciter, en tant qu'africains, de l'initiative prise pour promouvoir une adhésion accrue des membres au Mécanisme continental et soutenir ce processus développé sur le continent visant à examiner en profondeur nos pratiques en matière de gouvernance au cours des onze dernières années.

Dans le discours de ses promoteurs, le MAEP a résolument imprimé une marque indélébile sur le continent et il continue à apporter une contribution inestimable au développement de l'Afrique. Par conséquent, nous devons redoubler d'efforts pour promouvoir la bonne gouvernance à travers le continent et célébrer le MAEP sans perdre de vue notre mandat.

5.2. L'efficacité de l'appartenance au MAEP

Le MAEP est une nouvelle approche d'action économique considérée comme philosophie à entreprendre pour aider l'Afrique à sortir du marasme économique et de son état de sous-développement. Des approches solitaires ont été tentées depuis la période coloniale et la période post indépendance sans fournir de réelles solutions ou des résultats probants.

La nouvelle stratégie a ceci de particulier qu'elle se fonde sur l'efficience des indicateurs de performance déterminés et sur l'efficacité des actions économiques à entreprendre où les résultats doivent être moins dans l'intérêt personnel que dans l'intérêt collectif. La finalité demeure l'équilibre entre les internalisations favorables et les externalités positives.

---

[58] UA, 18e Sommet des Chefs d'Etat et de Gouvernement, Addis-Abeba, 26 janvier 2013.

Dans le choix de ce mécanisme, les décideurs ont recherché les différents bénéfices à tirer de son adoption qui peuvent s'analyser en gains politiques, en gains économiques, en gains sécuritaires.

5.2.1. Les gains politiques

L'absence de réels instruments juridiques adaptés au contexte africain, comme soubassement à l'action politique dans les Etats africains, a constitué un frein à l'émergence des pays. Calqués des instruments d'autres contextes (puissances coloniales) dans le contexte africain (Etats indépendants) cette attitude ne peut que conduire à des échecs si ces instruments sont mal adaptés et mal appliqués.

Aussi les premiers avantages à tirer du MAEP s'analysent-ils en gains politiques qui à partir d'un programme d'actions volontaires inséré dans un échéancier précis sont la maîtrise de la bonne gouvernance politique qui passe par la ratification de normes au vote de lois en passant par une révision des politiques et un renforcement des institutions.

Une bonne gouvernance politique ne peut pas se concevoir sans une justice équitable qui sauvegarde les intérêts des citoyens en les mettant à l'abri des abus de pouvoir. La gouvernance judiciaire s'impose comme gain connexe dont la finalité est d'assainir le climat politique souvent fait de violence et de contestation.

L'amélioration de la justice par le renforcement de capacités, la mise en place des infrastructures et équipements, l'actualisation des textes réglementaires et le raccourcissement des délais de traitement des dossiers créent les meilleures conditions de justice équitable.

La bonne gouvernance politique permet de faire passer les pays de régimes autoritaires à régimes démocratiques qui sauvegardent les valeurs essentielles de libertés humaines (pensée, action), de droits de l'homme (équité genre, non-violence, protection), respect des principes de démocratie (adhésion aux partis, liberté de vote, liberté de circuler, non-exclusion de partis d'opposition), etc.

L'attente de gains politique induite par la bonne gouvernance politique a permis au Panel des Personnes éminentes de sagement choisir de se concentrer sur la direction des évaluations où la volonté politique réelle, et de différer l'évaluation des pays récalcitrants dans les réformes qui mènent la vie dure aux partis de l'opposition, votent des lois restrictives sur la société civile et qui restreignent l'espace médiatique.

La bonne gouvernance politique assainit l'environnement politique, apaise le climat social, assure la convivialité, favorise la liberté de campagne au cours des élections présidentielles, législatives et locales. La paix sociale est à ce prix pour ouvrir la voie à la promotion touristique qui constitue le baromètre de bonne gestion d'une entité spatiale constituée.

5.2.2. Les gains économiques

La bonne gouvernance économique ouvre la voie au développement des activités économiques pour la promotion sociale et spatiale, pour l'accroissement des affaires, pour le développement des échanges internes, pour le renforcement des relations intersectorielles, pour l'accroissement des échanges extérieurs.

Le MAEP en déterminant les principes de bonne gouvernance économique visait tous les agents économiques (Etat et ses démembrements, entreprises, le reste du monde) auxquels s'appliqueraient les principes d'équité économique, l'absence de favoritisme, l'éviction de la corruption, la transparence dans l'action économique pour mettre les opérateurs économique à égalité de chance, le recours à l'appel d'offres dans l'attribution des marchés publics.

L'application des principes de bonne gouvernance économique permet aux entreprises d'offrir aux meilleurs coûts, à l'Etat des disposer des ressources substantielles pour l'action économique, à la collectivité d'avoir des ouvrages réalisés dans les délais, de supprimer les éléphants blancs qui ont grevés les budgets publics, de favoriser pour tout un chacun une réelle rentabilité des activités menées.

Pour conforter la bonne gouvernance économique, il faut des structures appropriées comme celles de coordination des actions (comité de surveillance), de contrôle des activités (commission de veille), de sanctions des déviations (commission des peines), de promotion du mérite (commission de gratification).

Dans la bonne gouvernance économique doivent s'inscrire les utilisations des nouveaux fonds pour encourager le développement des activités, la détermination d'une politique foncière nationale consensuelle, la réglementation du financement privé des partis politiques pour éviter que l'argent achète les consciences, la réforme des conditions d'attribution des marchés, etc.

Depuis la décennie 2000 et surtout après 2010 (Tx ≥4 %-6 %), les économies africaines enregistrent des taux de croissance positif avec l'amélioration de l'infrastructure économique (routes, ports, aéroports, ponts, centrales énergétiques), l'élévation de l'IDH, la reprise des grands travaux (équipements collectifs), le retour des investisseurs potentiels et la croissance des investissements directs étrangers (IDE). Une des questions primordiales consiste à se demander quel est le rôle du MAEP dans l'amélioration de ces performances annonciatrices d'une probable émergence du continent.

Avec les différentes réformes opérées dans la sphère économique comme la privatisation des entreprises publiques, l'assainissement du secteur bancaire, la révision du régime fiscal, l'amélioration du climat des affaires, la réglementation du secteur informel, ...des ressources additionnelles sont disponibles pour le budget de l'Etat.

5.2.3. Les gains sécuritaires

L'Afrique a vécu ses dernières années sous la fréquence des conflits armés qui ont débouché parfois sur des génocides, des déplacements de populations, de l'émigration forcée. Les élections organisées ont suscité souvent des contestations qui ont occasionné des troubles réprimé dans le sang et entraînant des déplacements internationaux de population.

Pour toutes ses raisons, certains dirigeants politiques ont souvent fait passer la résolution des conflits et l'action de développement économique avant la gouvernance économique qui normalement devrait avoir un effet d'entraînement positif sur ces deux facteurs si tant est que l'on accepte d'inverser les priorités.

De l'indépendance en 1960 à nos jours, l'Afrique a vécu sous le signe de l'insécurité généralisée qui a défavorisé la protection des populations, a hypothéqué le développement des affaires, a gêné déroulement sain de l'activité économique, a ralenti la création des entreprises, a empêché la libre circulation des personnes et des biens, a fait fuir les capitaux et fait baisser le tourisme.

Il existe un débat permanent entre experts en sciences du développement au sujet de l'interaction entre la sécurité et le développement. La problématique à résoudre est de savoir si la sécurité conditionne la croissance économique ou le développement ou si c'est le développement qui assure la sécurité. Selon que l'on priorise l'un avant l'autre, les effets sont multiformes sur le contexte de l'économie.

Ainsi, la priorisation de l'action sécuritaire dans un pays donné réduit les ressources affectées aux actions de croissance et de développement ou au profit de des communautés (précarité des secteurs sociaux de santé, d'éducation, d'action sociale) tout en favorisant la paix sociale et le climat des affaires (libre circulation des personnes et des biens).

A contrario, la priorisation de l'action de croissance ou de développement dans le même pays favorise le développement des activités, assure la croissance des affaires, permet l'élévation du niveau de vie des populations, mais la réduction des ressources sécuritaires entraîne l'émergence de l'insécurité, l'inquiétude des citoyens dans l'absence de protection des personnes et des biens, la diminution du flux touristique, la réduction des affaires.

C'est pourquoi dans le cadre du MAEP une attention particulière est accordée à la recherche de l'équilibre entre l'action sécuritaire et les activités de croissance ou de développement dans les pays africains pour promouvoir un développement durable. Un développement durable ne peut se concevoir sans un minimum de sécurité pour pérenniser les acquis obtenus en vue du bien-être collectif sans inquiétude.

L'Afrique veut s'inspirer de l'expérience européenne sécurisée par l'Organisation pour la sécurité et la coopération en Europe (OSCE) en ouvrant des chantiers institutionnels et politiques qui ne peuvent réussir sans l'action sécuritaire qui réduit les conflits, qui lutte contre la corruption, le sida, le paludisme, qui limite l'explosion démographique et qui réduit le poids de la dette. Le développement endogène africain y gagnerait en réduisant ces obstacles.

L'Afrique ne peut pas valoriser ses immenses potentialités si les conflits internes persistent. Il faut les circonscrire en urgence pour éloigner les maladies comme le syndrome de l'immunodéficience acquise (SIDA), la tuberculose, le paludisme et la maladie à virus Ebola.

Pour cette raison, Goerens[59] - président du Club du Sahel et de l'Afrique de l'Ouest- préconise, un renouveau courageux des relations entre l'union européenne et ses partenaires africains. C'est un plaidoyer pour que soit résolu enfin l'éternel problème de l'Union : la

[59] Goerens Charles, Sécurité et développement de l'Afrique : une nouvelle approche pour l'UE, *Cahiers de Chaillot*, n°99, Bruxelles, avril 2007.

cohérence d'ensemble des différents volets de la politique extérieure européenne, dont notamment ses politiques de sécurité et d'aide au développement.

*
* *

Le MAEP pour assurer sa mission a mis en place une architecture de gouvernance africaine où les Chefs d'Etat et de gouvernements, les personnalités éminentes et les experts de haut niveau ont joué et auront à jouer un rôle déterminant.

Il a ainsi mis en place toute une organisation avec des structures fonctionnelles comme le comité des chefs d'Etat et de gouvernement, le groupe des personnalités éminentes, le secrétariat technique s'appuyant sur des compétences africaines et extérieures à l'Afrique et a ciblé des domaines d'activités centrés sur la gouvernance politique, économique, entrepreneuriale, socioéconomique. L'adhésion volontaire au mécanisme par les pays candidats le rend original parmi les institutions continentales africaines.

Bien que son adhésion soit volontaire, il est fait obligation aux membres de respecter les principes et procédures, de suivre in extenso les modalités de mise en œuvre et de s'astreindre au respect des délais impartis au risque de se voir marginaliser ou pénalisé dans les évaluations.

L'expérience réalisée a montré que le MAEP a attiré plus de la moitié des Etats africains, représentant les trois quarts de sa population pour se soumettre volontairement à un examen auto-imposé dans un engagement pour améliorer les systèmes de gouvernance, les politiques et les pratiques en matière de développement.

Il ressort des investigations qu'un tiers des pays membres a été évalué par ses pairs et des pays qui ont entrepris une évaluation ont commencé à se démener avec le financement et la mise en œuvre de leurs plans ou programmes d'actions (PDA).

L'évaluation faite quoique timide ou modeste demeure éloquente quant aux résultats constatés, mais qui ne sont pas instantanés. Mais rien ne préjuge ni ne prouve que ces résultats se seraient produits sans le MAEP. Le bilan de ses actions s'impose en conséquence pour démontrer son efficacité.

Toute œuvre humaine n'étant pas parfaite, le MAEP dans son état actuel et les conditions présentes de son application comporte des insuffisances, des lacunes ou des imperfections qu'il convient d'identifier afin d'éviter un retour à l'application de politiques et de pratiques de développement qui ont été des échecs.

CHAPITRE 6

Les imperfections du mécanisme – éléments de faiblesse

Le chemin parcouru par le continent africain pour l'affirmation de son identité, depuis son origine jusqu'à nos jours est semé, d'embûches et résulte d'un long et lent processus historique qui a été décrit par bon nombre d'auteurs et de chercheurs qu'ils soient historiens, sociologues, anthropologues, géographes ou géologues.

Les vicissitudes de l'histoire lui ont fait alterner des périodes : de relative stabilité (de l'antiquité à la fin de l'ère médiévale), de difficultés existentielles du fait de la pénétration extérieure (de l'ère précapitaliste à l'ère industrielle) et d'épreuves éthiques incommensurables faites de colonisation directe, d'impérialisme et de néocolonialisme (de l'ère préindustrielle à l'ère industrielle).

La recherche de la voie la meilleure pour son évolution, qu'elle soit spécifique de par la volonté des dirigeants durant l'époque pré contemporaine ou qu'elle soit mimétique de par les injonctions des dirigeants assurant les tutelles ou par le désir des décideurs politiques de l'ère des indépendances durant l'époque industrielle, comportait des stratégies mûries.

Les économies qui en sont sorties apparaissaient tantôt florissantes tantôt atones sous l'effet des données conjoncturelles amenées par les facteurs ou autres déterminants de l'économie industrielle, soubassement de l'époque contemporaine. L'intériorisation de la révolution scientifique et technique ou son inapplication contextuelle africaine peut être un facteur incitatif de progrès ou limitatif de progrès.

Les pays qui se sont inscrits dans la dynamique de la révolution scientifique et technique ont su profiter des bienfaits de la science et de la technique pour avancer alors que d'autres nations qui se sont fermées à la pénétration scientifique et technologique ont subi des retards dans leur processus de croissance ou de développement.

Depuis la révolution industrielle, les pays qui ont souscrit à la philosophie économique dominante (libéralisme du système capitaliste ou dirigisme du système socialiste) ont connu des hauts et des bas, car toute stratégie s'appuyant sur un mécanisme comporte des forces, mais aussi des faiblesses.

La stratégie libérale a permis à certains pays africains de connaître une certaine avancée (capitalisme d'Etat) comme la stratégie dirigiste à base planifiée a permis à d'autres de vivre une certaine performance (socialisme d'Etat). Cela n'empêcha pas la subsistance d'imperfections qui amèneront au blocage des économies, à l'involution économique et partout à la disparition des structures étatiques.

Le MAEP qui est entrain d'être expérimenté dans l'ensemble africain n'échappe pas à ces considérations puisque sa mise en œuvre commence par faire émerger des insuffisances, des lacunes, des écueils et des imperfections qu'il faut absolument circonscrire pour espérer s'inscrire dans la dynamique du développement mondial.

Ces imperfections s'analysent dans les indicateurs que sont les faiblesses sous-jacentes du mécanisme, les lacunes structurelles, la déficience de l'action participative, la persistance permanente des pesanteurs politiques.

6.1. Les faiblesses institutionnelles du mécanisme

Le MAEP s'est constitué à partir de bases juridiques qui servent d'encadrement à sa mise en œuvre ou de balise dans son application. Il a été l'œuvre conjointe de compétences africaines et de compétences extérieures à l'Afrique.

Le reproche essentiel qu'on lui fait est l'absence d'un état exhaustif des lieux pour cerner dans sa vraie dimension les goulots d'étranglement d'une économie africaine encore à l'état précapitaliste.

Vouloir appliquer des principes de structures de pays avancés dans des économies de pays non encore organisés comporte un risque d'immobilisme et de stagnation durable du fait de non-maîtrise du rôle des facteurs inducteurs de croissance ou de développement.

Le mécanisme tel que conçu porte en lui des imperfections qui sont institutionnelles (pesanteurs des prescriptions juridiques), des insuffisances induites par les évaluations et la non-disponibilité des compétences.

6.1.1. Les pesanteurs des prescriptions juridiques

Le MAEP est conçu pour être accepté volontairement par les pays adhérents, qui s'auto-évaluent et se font apprécier par leurs pairs et souscrivent aux principes édictés que sont la démocratie et la gouvernance politique, la gouvernance économique, la gouvernance des entreprises et le développement socio-économique.

Ces principes du point de vue théorique se justifient compte tenu de l'environnement politique mondial pour lequel les grandes puissances ont fixé des règles à suivre qui malheureusement ne sont pas facilement adaptables aux pays africains qui n'ont qu'un demi-siècle de pratiques libérales.

Beaucoup de pays rempliront difficilement ces conditionnalités pour être admis à l'adhésion parce que la démocratie est une œuvre de longue haleine nécessitant une culture démocratique qu'il faut inculquer aux populations et aux dirigeants. Elle ne se décrète pas, mais s'acquiert par la pratique, l'exercice aux élections à tous les niveaux.

Pour des pays ayant vécu sous des dictatures de longue durée, il faut du temps et des efforts immenses pour assimiler les principes démocratiques. La formation des citoyens à l'esprit démocratique s'imposera pour que chacun connaisse les limites de ses droits et ses obligations. La force du droit qui doit primer sur le droit de la force tant pour les forces sécuritaires que pour l'administration judiciaire, pour les détenteurs du pouvoir d'Etat que pour les communautés humaines (citoyens de tout milieu).

La gouvernance politique recommande la tolérance qui n'est pas encore inscrite dans les mœurs, impose la régularité des élections qui n'est pas encore appliquée, l'organisation de scrutin transparent, libre et démocratique sans exclusion par des méthodes louches, l'acceptation des résultats issus des élections et la contestation de ceux-ci par des voies légales.

La gouvernance des entreprises pose des problèmes énormes, car leur environnement n'est pas totalement organisé par des textes réglementaires, leur gestion ne respectant pas la règlementation en vigueur et rares sont celles qui suivent les prescriptions du traité de l'organisation pour l'harmonisation du droit des affaires en Afrique (OHADA).

Le développement socioéconomique est prescrit, mais ne précise pas dans quel régime économique il s'opère. Puisque chaque option économique ou mode économique a ses forces et ses faiblesses, il incombe à l'autorité politique de choisir le mode ou l'option, d'adopter la stratégie conséquente ; ce qui n'est pas aisé dans des relations économiques internationales où la pensée unique fixe les règles du jeu.

Il se constate que malgré l'adhésion au MAEP, certains pays ne respectent pas les décisions prises par les autorités investies si l'application est contraire à leur intérêt. Parfois elles continuent même de protéger les intérêts économiques des groupes de pressions et d'intérêt en ignorance des prescriptions du climat des affaires.

6.1.2. Les insuffisances induites des évaluations

En regard des dispositions réglementaires, l'évaluation par les pairs de la situation des pays candidat à l'adhésion présente un potentiel de diagnostic significatif. Les évaluations sont censées être exhaustives et neutres en faisant des recommandations au pays demandeur.

Malheureusement, il a été constaté selon les experts du MAEP que des rapports ont prévu les conditions qui ont engendré à la fois la violence ethnique liée aux élections dans certains pays et occasionné les attaques xénophobes dans d'autres pays jusqu'en 2008.

Pourtant, ces agissements se poursuivent encore de nos jours partout en Afrique notamment en Afrique du Sud, au Burundi, en Libye, en République démocratique du Congo, en Somalie, au Soudan du Sud.

Le MAEP a prescrit que les recommandations ne sont – ni obligatoires, ni exécutoires – laissant un libre champ aux dirigeants. Cependant ces dernières sont purement et simplement ignorées, posant un problème de crédibilité au MAEP. Bien que les rapports révèlent les nombreux défis communs auxquels il faut faire face comme la gestion de la diversité, la réduction de la corruption et le renforcement des institutions de responsabilisation, rares sont les pays qui les mettent en application.

Par ailleurs, alors que les bailleurs insistent sur les nouvelles informations disponibles à intégrer au cadre stratégique de lutte contre la pauvreté, les rapports du MAEP ne font pas le tri dans l'enchevêtrement des efforts de réforme nationale qui se recoupent, en définissant des dates d'échéance, des budgets et une surveillance réalistes.

Les doubles emplois et les chevauchements persistent et gênent les programmations des actions ralentissant le rythme des évaluations devant déboucher sur des financements disponibles.

Aussi, un cadre plus stratégique, plus réaliste et des coûts mieux évalués des PDA doivent permettre d'y parvenir. Les évaluations doivent par conséquent être complètes et proposer des recommandations objectives pour une mise en œuvre certaine.

6.1.3. La non-disponibilité des compétences

Le MAEP ne peut réussir que si des compétences pluridisciplinaires sont disponibles, car le travail au niveau de chacun des pays est dense et couvrant plusieurs domaines d'intérêt pour les membres du forum et ceux du panel.

Dans l'état actuel des ressources humaines, l'Afrique ne dispose pas des compétences pour œuvrer dans la préparation des dossiers du MAEP. Les diverses spécialités sont rares et compte tenu des domaines pris en compte par le mécanisme, il faut une trentaine de spécialités si l'on veut couvrir la majorité des champs d'action.

Dans l'état des lieux de la première partie, la faiblesse des compétences africaines dans les secteurs de la recherche scientifique, de la haute spécialisation dans les sciences exactes, sociales ou humaines a été constatée, entraînant une mauvaise préparation de dossiers, une mauvaise conduite des évaluations et l'inapplication des recommandations issues des évaluations.

Pour éviter de sous-estimer les réussites, de ne citer que rarement les forces dans les rapports nationaux d'autoévaluation, pour permettre de mieux documenter et présenter les premières réalisations en intégrant les meilleures pratiques entreprises, susceptibles d'imitation par d'autres plus pleinement dans la conception et l'exécution de leur recherche, il faut disposer de compétences aiguës.

Les pays candidats à l'adhésion gagneraient leur pari d'acceptation de leur candidature s'ils élaborent un véritable programme de renforcement de capacités qui leur fournira à court, moyen et long terme, les cadres de haut niveau destinés au pilotage du MAEP au niveau national et son suivi évaluation au plan international. L'absence de progrès de certains pays qui ont été parmi les premiers adhérents est due à ce manque de compétences.

Cependant, la faiblesse institutionnelle du mécanisme qui risque d'hypothéquer son avenir se double d'une faiblesse de l'action participative qui constitue une déficience majeure.

6.2. La déficience de l'action participative

La réussite d'une politique économique nationale en vue de la croissance ou du développement dépend des acteurs qui la mènent.

L'exclusion d'un de ses agents économiques peut être dommageable au processus de l'activité économique, car chacun imprime sa marque au système économique comme producteur ou consommateur. Quoique minime soit la participation de certains des agents à la formation du PIB national, leur contribution à la valeur ajoutée économique globale est indispensable.

Un processus de croissance économique ou de développement échoue si la participation au processus n'est pas élargie à tous les acteurs qui sont les vrais artisans de l'activité économique comme producteurs, consommateurs, distributeurs de par leur nombre et la dimension de leurs besoins.

Le risque à ne pas courir est de réaliser la croissance ou le développement de l'entité spatiale sans la contribution des bénéficiaires, sans leur association à l'action à entreprendre, sans leurs avis sur les choix à opérer, les mesures à prendre, les objectifs visés et les stratégies à appliquer.

Dans la mise en œuvre du MAEP, il a été constaté à l'exécution une faible participation des populations et un contrôle limité des organes de direction.

6.2.1. La faible action participative des populations

Les populations se sentent responsables quand elles sont associées tout le long du processus d'émergence à la définition des orientations, à la détermination des objectifs et des finalités, à la recherche et à la mobilisation des moyens et à l'appréciation des résultats attendus.

Depuis le lancement du MAEP dans le contexte africain, une des graves lacunes du processus apparaît par le biais d'une faible sensibilisation des communautés humaines, d'un accaparement de l'initiative par les experts nationaux et internationaux, d'une absence de diffusion des progrès réalisés à telle enseigne que d'aucuns considèrent le mécanisme comme ésotérique.

Or, la réussite du MAEP dépend de son appropriation par les acteurs principaux que sont les masses populaires à travers :

- leur contribution à l'action économique à tous les niveaux de responsabilité,

- leur mobilisation d'une partie des financements nécessaires à l'exécution des projets,
- leur contrôle exercé sur les décideurs afin d'éviter les détournements de crédits,
- leurs suggestions d'ajustements à opérer en regard de l'évolution de la conjoncture.

Pour favoriser l'action participative, il revient au MAEP de responsabiliser les gens à tous les niveaux, d'impliquer tous les citoyens dans l'évaluation des forces et des faiblesses de la gouvernance et des politiques et de leur demander de proposer des approches de solutions aux recommandations faites. Ce faisant, le processus disposera au niveau national, d'un espace politique élargi.

A ce titre, les directives émises par le Secrétariat du MAEP pour les pays en cours d'évaluation stipulent que l'organisation de participation publique au processus du MAEP est en elle-même un aspect central de la mise en valeur des conditions de la gouvernance et du développement économique du pays participant.

Ces interactions peuvent créer la confiance, établir et clarifier les mécanismes d'engagement continu et de pouvoir donné aux partenaires. Un engagement large et profond de la société civile vise à engendrer une adhésion publique, à initier et renforcer un dialogue politique, à donner la parole aux groupes traditionnellement marginalisés, et à conférer une légitimité au processus.

Pour les responsables du MAEP, l'évaluation par les pairs se fonde sur la franchise, le débat rigoureux, rendant les différences d'opinions et la critique moins menaçants et plus acceptables en Afrique. Plus les citoyens demanderont une meilleure gouvernance, plus elle leur sera livrée. S'il est réalisé de façon équitable, les peuples d'Afrique auront le sentiment qu'ils ont un intérêt dans le processus.

Par conséquent, le processus – la conversation nationale générée – a une valeur en soi. Comme l'observe Mohiddin[60], le processus dispose du *potentiel* pour changer le visage de la responsabilité sur le continent : l'exposition [à laquelle le MAEP soumet les dirigeants] a révélé des informations détaillées et jusqu'ici inaccessibles sur les fonctionnements de la gouvernance qui ont rabaissé ceux au pouvoir,

---

[60] Mohiddin Ahmed, expert de la CEA, *Réflexions sur le MAEP*, Addis Abeba, sd.

en exposant leur vulnérabilité politique et en les sensibilisant à la nécessité d'être plus responsables, transparents et réactifs [...]

De plus il ajoute que le MAEP a ainsi libéré le génie de sa bouteille. Les gens connaissent à présent leurs droits constitutionnels et politiques et sont mieux organisés pour les protéger et les promouvoir. Ils seront aussi probablement plus vigilants sur l'abus exécutif du pouvoir.

6.2.2. Un contrôle limité des organes de direction

L'étude des rapports des experts révèle que les institutions qui doivent diriger le processus – principalement le Forum de l'EAP, le Panel des Personnes éminentes composé de sept membres et le Secrétariat de l'EAP – souffrent de questions de leadership. Or l'engagement des dirigeants africains constitue une variable essentielle dans la mise en œuvre du mécanisme. Aussi l'absence de participation de certains responsables affaiblit-elle l'institution comme en octobre 2008 où seulement cinq des 28 Chefs d'Etat et de gouvernement participant ont participé au Forum extraordinaire du MAEP au Bénin.

Par ailleurs, les membres du forum ont tendance à accorder la priorité à la résolution des conflits et au développement économique plutôt qu'à la gouvernance, et par conséquent, la participation aux réunions du MAEP est régulièrement décevante lorsque d'autres grands évènements ont lieu ailleurs dans le monde.

Il se pose dès lors un problème d'efficacité du mécanisme puisque le Panel des Personnes éminentes polarise son attention sur la direction des évaluations où la volonté politique est la plus grande, et reporte l'évaluation de certains des régimes les plus difficiles et récalcitrants à une date ultérieure prouvant ainsi leur inaptitude à contrer certains de leurs pairs.

L'inefficacité du forum se constate également dans la lente réalisation des règles du MAEP où la reconstitution du mandat inaugural du panel tarde à se concrétiser. Il urge d'y parvenir, car un leadership fort, intègre et transparent, sera essentiel pour conserver la confiance et la foi dans ce processus au potentiel considérable.

De plus le renouvellement en 2009 des mandats de membres du panel ainsi que de la présidence de l'institution a buté sur les modalités et procédures de désignation, si bien que certains qui sont en fin de mandat ne sont pas remplacés, ce qui pose un problème de conflits d'intérêts pour certains. Le siège au MAEP serait-il devenu une sinécure ? Il urge donc de redynamiser la direction exécutive.

Toutes ces institutions devraient présenter les normes de valeurs les plus élevées qu'elles souhaitent encourager en Afrique, dont la transparence, la responsabilité et la crédibilité. Il faut alors s'attaquer aux questions d'ordre technique pour accélérer le rythme des évaluations sinon il en découlera un plafonnement des adhésions au chiffre auparavant mentionné de trente-quatre (34).

Les organes de supervision ne jouent pas leur rôle contribuant dès lors à ralentir le rythme des évaluations en jetant un discrédit sur la pertinence du mécanisme. D'autres formules doivent être ainsi étudiées pour redonner vigueur au MAEP pour qu'il ne tombe pas dans les travers des organes similaires qui l'on précéder.

6.3. La persistance permanente des pesanteurs politiques

Le MAEP constitue une nouvelle approche philosophique de stratégie de croissance de l'Afrique qui a besoin de temps pour se réaliser et d'une véritable autorité pour imprimer la dynamique de développement, des compétences pour la mise en œuvre et le suivi exécution des actions programmées.

L'Afrique a toujours péché par la confiance en d'autres pays pour s'affirmer alors qu'elle dispose elle même des compétences avérées. Sinon comment peut-on expliquer l'inapplication des dispositions du traité de Lagos et de son acte final ayant déterminé le cadre d'évolution à long terme de l'Afrique (1980-2000).

Lorsqu'on étudie le plan de Lagos (acte final) et de son programme d'actions (activité opérationnelle), l'on est frappé par la densité des projets et programmes établis qui n'expliquent pas les échecs constatés. La raison essentielle en est le manque de volonté politique et les difficultés de séparer l'action politique de l'action économique.

En fait, les imperfections du MAEP tirent leurs sources des lacunes structurelles du plan de Lagos

6.3.1. Les lacunes structurelles du plan de Lagos

En 1980, la situation économique et sociale africaine était critique, car les pays étaient frappés par le marasme économique, les effets néfastes des investissements improductifs, la gestion mauvaise des nombreuses sociétés d'Etat, le personnel pléthorique des administrations, la crise de l'énergie et des matières premières, etc.

Le mauvais choix des investissements, les effets induits défavorables de ceux-ci sur l'induction des ressources, l'alourdissement de la dette extérieure publique et privée, bilatérale et multilatérale ont poussé les Etats vers le Club de Paris (dette publique) et le Club de Londres (dette privée).

Cette situation faisait entrer les pays sous les fourches caudines du Fonds monétaire internationale (FMI) et de la Banque mondiale (BM) par le truchement des programmes d'ajustement structurel (PAS) et des programmes financiers (PF) de la BM avec leurs exigences de mesures drastiques de stabilisation économiques et de suppressions des avantages sociaux de forces productives (population active).

C'est face à cette conjoncture économique critique que les pays africains ont jugé bon d'élaborer un plan de redressement économique comportant des actions économiques immédiates et de long terme pour endiguer le marasme économique, circonscrire les crises sociales, assurer la paix et la sécurité collective par une stratégie globale où l'intérêt collectif primera sur l'intérêt individuel.

Malheureusement le plan d'action de Lagos approuvé par les Chefs d'Etat a voulu tout prévoir sans priorisation, sans mobilisation interne des ressources nécessaires et sans le développement des ressources humaines. La pléthore d'actions n'a pas l'objet d'estimation d'effets induits sur l'amélioration de la valeur ajoutée, l'accroissement de la productivité, l'augmentation des revenus devant impacter sur le niveau de vie des populations et de la population activée.

Le plan de Lagos, censé fournir des solutions aux préoccupations économiques africaines, a certes mis l'action sur les diverses opérations à mener, mais n'a pas bien appréhender les structures de gestion de ces actions à telle enseigne que presque vingt (ans) après son lancement, aucun résultat tangible n'a été obtenu et les quelques structures opérationnelles piétinent et parfois se chevauchent occasionnant un blocage.

Par ailleurs, les domaines porteurs d'opportunités effectives de la société contemporaine tendant vers l'ère post-industrielle n'ont pas été ciblés laissant apparaître la nouvelle politique recherchée comme dépassée avant même d'être lancée. De plus, les capacités productives nécessaires à la mise en œuvre du plan d'action n'ont pas été identifiées, formées et sécurisées dans leurs niveaux de rémunérations.

L'absence de structure dynamique de coordination, d'organe efficace de suivi évaluation, de modèle économique à appliquer, de stratégie de croissance à suivre ont laissé le sentiment que la nouvelle approche n'est que la copie conforme des théories néolibérales appliquées par les sociétés capitalistes, mais transposées dans des économies africaines à structures précapitalistes.

Etant donné que le plan de Lagos a voulu affirmer le caractère économique de l'OUA alors que celle-ci a été créée pour assumer une vocation politique, les dirigeants n'ont pas voulu transformer l'organisation en une structure de technocratie économique qui amenuiserait leur pouvoir. Faute de cet appui indispensable le plus de Lagos n'a pas pu combler les espoirs placés en lui et a lancé un bilan mitigé.

La preuve en est la dégradation de la situation économique africaine jusqu'à la décennie 1990 où les Etats africains ont du accepter un autre programme des objectifs du millénaire pour le développement pilotés par l'ONU. Le succès limité des deux quinquennats d'application des OMD a poussé les dirigeants africains à accélérer la définition d'un nouveau partenariat pour le développement de l'Afrique en abrégé NEPAD dont sera issu le MAEP comme structure opérationnelle.

6.3.2. Les défaillances organiques du MAEP

En mettant en place le nouveau partenariat pour le développement de l'Afrique, les décideurs politiques visaient le meilleur processus pour sortir le continent de l'état de sous-développement en se tissant une place dans les relations économiques internationales, en évitant de tomber dans une nouvelle exploitation coloniale proche du néocolonialisme, en comptant sur les capacités productives endogènes.

L'histoire économique nous a renseignés que malgré les siècles de colonisation des puissances conquérantes et des nations industrielles, les ressources naturelles africaines sont demeurées intactes suscitant toujours la convoitise extérieure. La plupart des matières premières stratégiques pour l'industrie aéronautique, pour l'industrie numérique, pour l'industrie médicale sont concentrées en terre africaine.

Aussi les dirigeants politiques actuels dans le cadre du NEPAD voulant vite rattraper le temps perdu ont-ils initié des actions économiques denses comme ce fut le cas de l'acte final et du plan de Lagos sans réelle définition des priorités puisque rien ne justifie le choix porté sur les quatre domaines de concentration des activités : démocratie et gouvernance politique, gouvernance économique, gouvernance entrepreneuriale et développement socioéconomique.

Qu'en est-il alors de l'utilisation des coefficients techniques applicables aux productions pour accroître la valeur ajoutée des biens et services, de la politique de recherche pour découvrir la technologie appropriée pour assurer l'amélioration de la productivité é des facteurs de production, du renforcement des capacités pour disposer de compétences pluridisciplinaires, du recours à l'intelligence économique afin de mettre l'information scientifique au service la croissance économique ou du développement, etc..

Si l'on veut que l'Afrique réussisse son nouveau pari, il faut soutenir des stratégies qui priorisent la dynamique de coopération sectorielle (spécialisation des pays dans la production des biens pour lesquels son allocation est optimale) et la dynamique de coopération régionale (extension des marchés, minimisation des coûts de production et mobilités des biens, des capitaux et des services). Ces deux stratégies ont pour avantages de favoriser les gains collectifs et de mieux équilibrer les évolutions nationales.

Ce que l'on reproche le plus au MAEP est d'avoir imaginé des structures sans mise à dispositions des compétences avérées, d'avoir tenu peu compte du rôle primordial de la recherche scientifique dans le processus d'émergence (recherche fondamentale, recherche appliquée), d'avoir une fois encore compté sur la mobilisation des ressources extérieures pour le financement des actions de développement alors que par le renforcement de la productivité nationale, l'on dégager plus de valeur ajouter et de surplus économique pour la croissance endogène.

L'économie spatiale qui s'intéresse à la répartition et à l'implantation des activités économiques dans l'espace où l'homme est censé organiser son cadre de vie devra pousser les dirigeants africains à accorder beaucoup plus d'attention aux schémas directeurs d'aménagement de l'espace. Ce dernier donnera une réponse aux défis climatiques, à l'épuisement des ressources en eau, essentielle à la poursuite de la vie sur terre, à une meilleure répartition des communautés humaines dans les territoires résolvant du même coup le problème d'espace vital.

L'union africaine en mettant en place deux structures parallèles en son sein dont l'une s'occupe de politique et l'autre d'économie crée une duplication plus coûteuse qu'économique, car l'on peut appartenir à l'UA sans appartenir au NEPAD et au MAEP puisque l'adhésion est nécessaire pour être membre. La solution idéale aura été que tout membre de l'UA soit membre automatiquement du NEPAD et donc du MAEP et les stratégies convenues par l'UA pour le NEPAD s'appliqueraient à tous les pays.

La prise de conscience de ses faiblesses par les instances supérieures africaines qui doivent susciter des évaluations constantes des institutions créées favorisera les adaptations organiques nécessaires pour éviter que les résultats soient encore décevants.

Le NEPAD et le MAEP subiront-ils le même sort que le plan d'action de Lagos et son acte final ? Il faut attendre l'an 2020 pour y répondre, car à cette date chacune de ces innovations aura eu une durée de vie identique (Plan de Lagos : 1980/2000 ; NEPAD et MAEP : 2000/2020.

*

* *

Le lancement du mécanisme s'est effectué dans de bonnes conditions entraînant la facilitation des adhésions, l'étude des premières actions, les propositions d'amélioration aux PDA établis par les autorités des pays adhérents, l'effectuation des missions d'observations et les enquêtes de terrains.

Le piétinement qui semble se constater dans le déroulement du processus provient des insuffisances originelles des textes juridiques qui n'ont pas pris en compte certaines réalités locales comme la non-diffusion des informations auprès des bénéficiaires, l'absence des compétences avérées l'application des décisions des organes.

Un mécanisme de cette ampleur ne peut opérer qu'une fois des conditions préalables remplies en maîtrise des textes juridiques, en disponibilité des compétences, en référentiel d'indicateurs de contrôle des actions menées, en logistique d'appui pour les actions sur le terrain.

Les insuffisances constatées dans l'application du MAEP concernent non seulement la faiblesse de certains aspects des textes réglementaires (imprécisions sur les missions et fonctionnement des organes), mais aussi la faible capacité des ressources humaines (rareté des compétences avérées).

Une plus grande sensibilisation au sujet de MAEP de la part des autorités, la multiplication des rencontres sous forme d'ateliers, de séminaires, des symposiums, de colloques par la commission nationale du MAEP permettront d'identifier les écueils potentiels pour tendre vers leur élimination et assurer le succès du mécanisme.

Cependant, les imperfections constatées ne sont pas sources d'affaiblissement de la structure, mais des éléments d'enrichissement des adaptations à opérer pour placer l'organe dans la dynamique du succès. Les remises en cause permanentes sont alors sources de progrès pour éviter l'immobilisme.

CONCLUSION GÉNÉRALE

L'Afrique constitue l'un des cinq continents qui compose la planète terre et a été considérée par les chercheurs émérites dont Diop[61] comme le berceau de l'humanité. Cela pouvait jouer en sa faveur pour son développement, son progrès, son assise mondiale du fait de l'antériorité de l'apparition de l'homme dans son espace.

Grâce au génie créateur de l'homme africain, avec des techniques rudimentaires et des outils d'activités archaïques, ont pu s'édifier des espaces géographiques constitués en territoires, royaumes et empires qui ont jalonné les différentes phases de l'histoire économique.

L'homme africain dans son nomadisme a sillonné la planète en y laissant des vestiges et des traces qui prouvent sa contribution à l'histoire universelle et à la civilisation de l'universel. En témoigne l'histoire de l'Egypte ancienne faite de quarante (40) dynasties dont chacune a duré au moins deux cents (200) ans.

Dans l'Egypte ancienne ayant couvert huit mille (8000) ans, la présence de l'homme africain de couleur noire est indéniable. Il a contribué à l'édification d'une civilisation qui laissa à la postérité les systèmes de tout-à-l'égout (drainage des eaux dans les cités), les pyramides (tombeaux des pharaons), les hiéroglyphes (écriture de la civilisation égyptienne), les produits de l'artisanat comme les poteries, les figurines, etc.

Cependant, les vicissitudes de l'histoire ont fait connaître à l'Afrique bien des déboires l'ayant amenée de l'état d'autonomie (antiquité/moyen-âge), à l'état d'asservissement avec la traite négrière (temps modernes et époque préindustrielle) et à l'état de domination coloniale et impérialiste (époque contemporaine).

---

[61] Anta Diop, C., op. cit.

Lorsqu'apparut la révolution industrielle induite par la révolution scientifique et technique grâce aux découvertes et inventions, l'Afrique tombait sous la coupe des puissances dominatrices et conquérantes à la recherche d'espace de domination, de débouchés de produits industriels, de réserves de matières premières, d'espace de propagation d'éthique confessionnelle mue par le prosélytisme religieux.

Elle ne sera plus maîtresse de son destin depuis le début de l'époque contemporaine (1750) où les entités spatiales qui y sont implantées passent sous la tutelle de nations industrielles plus puissances à la poursuite d'un idéal de société d'abondance. Les prises de conscience naîtront progressivement au début du XXe siècle, dont la période couverte connaîtra deux (2) guerres mondiales et des conflits localisés en Europe occidentale prouvant la barbarie des nations soit-disant civilisatrices, et ouvriront la voie aux luttes de libération nationale d'où sortiront l'octroi des indépendances.

L'accession des pays africains à la souveraineté internationale ne permit pas cependant à l'Afrique de retrouver sa place dans le concert des nations qui mirent en place de nouvelles règles de relations internationales tant pour la politique (diplomatie), pour le régime économique (pensée unique) que pour les échanges (marché planétaire de libre circulation des personnes et des biens) que pour les institutions de gouvernance (organisations à vocation universelle et organisation mondiale à vocation sectorielle).

A partir des critères édictés pour apprécier les situations des pays à l'échelle mondiale, il ressort que l'Afrique n'a pas fait beaucoup de progrès sur le plan économique, social, des conditions de vie et de travail, de gestion du cadre de vie, de satisfaction des besoins fondamentaux des populations. Ce qui la situe, selon la Banque mondiale[62], au dernier rang des continents du point de vue du développement humain.

La situation ne s'améliore guère selon Castel[63] malgré les programmes d'ajustement structurels (PAS) conçus et mis en œuvre dans l'espace africain depuis la décennie 1990 et le plan onusien des objec-

---

[62] Banque mondiale, *Le développement au seuil du XXIe siècle. Rapport sur le développement dans le monde 1999-2000*, Editions ESKA, Paris, 2000.

[63] Castel Odile, *L'ajustement structurel et après*, Editions Maisonneuve et Larose, Luisant, 1995.

tifs du millénaire pour le développement (OMD) lancé au début de la décennie 2000.

Plus grave le monde du travail qui doit profiter des retombées des actions de développement pour élever son niveau de vie se trouve dans une situation d'extrême précarité. La BM[64] dans sa publication ayant trait à l'économie sans frontière considère de nos jours que le travail décent est rare, le travail permanent insuffisant et le travail bien rémunéré limité. Ce qui explique la faible contribution du travailleur africain au PIB potentiel et à la création de la richesse nationale.

C'est pour conjurer cette dégradation économique et sociale africaine, durant le XXIe siècle, qui conjugue aggravation de la pauvreté, augmentation des maladies endémiques, précarité des services collectifs de base, déficience des infrastructures, faiblesse de la scolarisation, etc. que les dirigeants africains ont pris sur eux la décision de lancer une nouvelle stratégie de résurgence africaine conçue avec les partenaires extérieurs sous la dénomination mécanisme d'évaluation par les pairs (MAEP).

Le mécanisme est basé sur l'adhésion volontaire des pays qui acceptent les principes édictés (démocratie et gouvernance politique, gouvernance économique, gouvernance des entreprises, développement économique et sociale) et qui s'auto évaluent à travers les structures appropriées au plan national et au plan continental.

Depuis l'année 2003, le mécanisme a été lancé et certaines adhésions réalisées. Cependant la lourdeur des procédures et l'imprécision de certains aspects des modalités ralentissent le processus d'adhésion faisant craindre les possibilités d'échecs une fois encore surtout que certains dirigeants traînent les pas pour s'inscrire dans cette nouvelle dynamique africaine.

Un souffle nouveau doit être inculqué au mécanisme à travers l'amélioration des indicateurs, l'assouplissement des procédures, la précision de certaines modalités de mise en œuvre, le renforcement des domaines ciblés avec la gouvernance des ressources humaines (renforcement des capacités), la gouvernance technologique (promotion de la recherche et de l'innovation), la gouvernance sectorielle (promotion des activités économiques sectorielles), la

[64] Banque mondiale, *Le monde du travail dans une économie sans frontières – Rapport sur le développement humain dans le monde 1995*, Oxford University Press, Washington, 1995.

gouvernance spatiale (dynamique de coopération régionale et de coopération sectorielle).

Pour Agbobli[65], l'émergence de l'Afrique est à ce prix et les dirigeants comme les citoyens doivent s'y employer pour que le continent ne manque pas le rendez-vous de l'histoire une fois encore au moment où les indicateurs de croissance montrent une évolution positive de l'Afrique devenue une des locomotives de l'économie mondiale depuis une dizaine d'années (2000).

L'Afrique, à travers les dernières statistiques mondiales de la BM[66], sort progressivement de l'immobilisme et du marasme en investissant dans les infrastructures, l'énergie et l'humain. Ce qui explique les taux de croissance économique supérieurs à 5 % enregistrés ces dernières années et qui inaugure selon certains économistes la renaissance africaine du XXIe siècle.

---

[65] Agbobli Edo K. M., *Petit précis d'économie politique*, Editions Bognini, Abidjan, 2003.

[66] BM, *Taux de croissance économie des pays africains*, publication BM, Washington, 2013.

ANNEXES

ANNEXE 1. MAEP : FICHE SIGNALÉTIQUE PAR PAYS
(Source : JAGA, UA)

1. RÉGION AFRIQUE DU NORD

ALGÉRIE

Date d'accession au MAEP et Signature du Mémorandum	9 mars 2003/ novembre 2004 : Lancement du processus de mise en place du dispositif institutionnel pour la mise en œuvre du MAEP en Algérie annoncé par le ministre délégué auprès du ministre des Affaires étrangères chargé des Affaires africaines et maghrébines qui fera office de Point focal national. 12 mars 2005 : Mise en place de la Commission Nationale sur la Gouvernance (CNG). 1er juillet 2007 : évaluation 1er trimestre 2009 Mise en ligne sur le site Internet du ministère algérien des Affaires étrangères du Rapport sur l'état de mise en œuvre du programme d'action national en matière de gouvernance daté de novembre 2008.
Statut de l'évaluation	1er juillet 2007 : évaluation 1er trimestre 2009 Mise en ligne sur le site Internet du ministère algérien des Affaires étrangères du Rapport sur l'état de mise en œuvre du programme d'action national en matière de gouvernance daté de novembre 2008.
Date de publication du Rapport d'évaluation national	Non disponible
Statut du PAN	Pas encore établi

EGYPTE

Date d'accession au MAEP	9 mars 2004
Statut de l'évaluation	N'a pas encore fait l'objet d'une évaluation
Datc dc publication du Rapport d'évaluation national	Non encore évalué
Statut du PAN	Pas encore établi

MAURITANIE

Date d'accession au MAEP	Janvier 2008
Statut de l'évaluation	N'a pas encore fait l'objet d'une évaluation
Date de publication du Rapport d'évaluation national	Néant
Statut du PAN	Non disponible

TUNISIE

Date d'accession au MAEP	Janvier 2013
Statut de l'évaluation	N'a pas encore fait l'objet d'une évaluation
Date de publication du Rapport d'évaluation national	Néant
Statut du PAN	Non disponible

2. RÉGION AFRIQUE OCCIDENTALE

BÉNIN

Date d'accession au MAEP	31 mars 2004 et du 14 au 17 novembre 2005 Mission de soutien à la mise en œuvre du processus d'évaluation / et Signature entre le14 au 17 novembre 2005 du protocole d'accord sur les missions de revues techniques et sur les visites d'évaluation.
Statut de l'évaluation	N'a pas encore fait l'objet d'une évaluation
Date de publication du Rapport d'évaluation national	2007 Rapport final disponible en fin juin
Statut du PAN	Janvier 2008

BURKINA FASO

Date d'accession au MAEP	9 mars 2003 / 20 mars 2003 Signature du protocole d'accord / 2006 : installation des membres du conseil national du MAEP
Statut de l'évaluation	Octobre 2008 : Evaluation
Date de publication du Rapport d'évaluation national	Néant
Statut du PAN	Non disponible

GHANA

Date d'accession au MAEP	3 mars 2003
Statut de l'évaluation	1re évaluation achevée
Date de publication du Rapport d'évaluation national	Juin 2005
Statut du PAN	Publication de trois rapports préliminaires

LIBERIA

Date d'accession au MAEP	29 janvier 2011 : Signature du Protocole d'Accord (Mémorandum of understanding - MoU) du MAEP à Addis-Abeba (Ethiopie), lors du 14e Forum des Chefs d'Etat et de Gouvernement des pays membres du Mécanisme Africain d'Evaluation par les Pairs (MAEP).
Statut de l'évaluation	Evaluation non encore faite
Date de publication du Rapport d'évaluation national	Néant
Statut du PAN	Néant

MALI

Date d'accession au MAEP	28 mai 2003 30 juin 2009 : Présentation du Rapport d'Évaluation Pays (REP) du Mali au Forum des Chefs d'Etat et de Gouvernement à Syrte en Libye. 22 juin 2011 : création de la Commission Nationale de Gouvernance du MAEP pour le Suivi et l'Evaluation du Plan d'Action National (CNG - MAEP / SEPAN)
Statut de l'évaluation	Evaluation non encore
Date de publication du Rapport d'évaluation national	Néant
Statut du PAN	Néant

NIGER

Date d'accession au MAEP	28 mai 2003
Statut de l'évaluation	Juin 2009
Date de publication du Rapport d'évaluation national	Néant
Statut du PAN	Néant

NIGERIA

Date d'accession au MAEP	9 mars 2003
Statut de l'évaluation	1re évaluation achevée juin 2008
Date de publication du Rapport d'évaluation national	Juin 2009
Statut du PAN	Aucun programme accessible au public

SÉNÉGAL

Date d'accession au MAEP	9 mars 2004
Statut de l'évaluation	N'a pas encore fait l'objet d'une évaluation
Date de publication du Rapport d'évaluation national	Néant
Statut du PAN	Néant

SIERRA LEONE

Date d'accession au MAEP	8 juillet 2010
Statut de l'évaluation	1ère évaluation achevée
Date de publication du Rapport d'évaluation national	Janvier 2012
Statut du PAN	S.O

TOGO

Date d'accession au MAEP	Adhésion au MAEP le 29 juin 2008 à Sharm El Cheik en Egypte, lors du 9e Forum des chefs d'Etats et de gouvernement du MAEP.
Statut de l'évaluation	Néant
Date de publication du Rapport d'évaluation national	Néant
Statut du PAN	Néant

3. RÉGION AFRIQUE CENTRALE

CAMEROUN

Date d'accession au MAEP	Juillet 2004 (signature protocole : 03/04/2003)
Statut de l'évaluation	N'a pas encore fait l'objet d'une évaluation
Date de publication du Rapport d'évaluation national	Aucun rapport accessible au public
Statut du PAN	S.O

GABON

Date d'accession au MAEP	14 avril 2003
Statut de l'évaluation	N'a pas encore fait l'objet d'une évaluation 20/1/2012
Date de publication du Rapport d'évaluation national	Néant
Statut du PAN	Néant

GUINEE EQUATORIALE

Date d'accession au MAEP	28 juin 2011 : Adhésion au 15e sommet du Forum des chefs d'Etat et de gouvernement du Mécanisme africain d'évaluation par les Pairs (MAEP
Statut de l'évaluation	N'a pas encore fait l'objet d'une évaluation
Date de publication du Rapport d'évaluation national	Néant
Statut du PAN	Néant

TCHAD

Date d'accession au MAEP	29/01/2013 : Signature du Protocole d'adhésion
Statut de l'évaluation	N'a pas encore fait l'objet d'une évaluation
Date de publication du Rapport d'évaluation national	Néant
Statut du PAN	Néant

RÉPUBLIQUE DU CONGO

Date d'accession au MAEP	Mars 2003
Statut de l'évaluation	N'a pas encore fait l'objet d'une évaluation
Date de publication du Rapport d'évaluation national	Néant
Statut du PAN	Néant

SAO TOMÉ-ET-PRINCIPE

Date d'accession au MAEP	29 janvier 2007
Statut de l'évaluation	N'a pas encore fait l'objet d'une évaluation
Date de publication du Rapport d'évaluation national	Néant
Statut du PAN	Néant

4. RÉGION AFRIQUE ORIENTALE

ETHIOPIE

Date d'accession au MAEP	Juillet 2004 (signature protocole : 09/03/2003)
Statut de l'évaluation	1re évaluation achevée
Date de publication du Rapport d'évaluation national	Janvier 2011
Statut du PAN	S.O

KENYA

Date d'accession au MAEP	9 mars 2003
Statut de l'évaluation	2e évaluation entamée
Date de publication du Rapport d'évaluation national	juin 2006
Statut du PAN	Publication d'un rapport préliminaire

OUGANDA

Date d'accession au MAEP	9 mars 2003
Statut de l'évaluation	1re évaluation achevée juin 2008
Date de publication du Rapport d'évaluation national	Janvier 2009
Statut du PAN	Publication d'un rapport préliminaire

SOUDAN

Date d'accession au MAEP	22 janvier 2006
Statut de l'évaluation	N'a pas encore fait l'objet d'une évaluation
Date de publication du Rapport d'évaluation national	Néant
Statut du PAN	Néant

RWANDA

Date d'accession au MAEP	9 mars 2003
Statut de l'évaluation	1re évaluation achevée juin 2005
Date de publication du Rapport d'évaluation national	Juin 2006
Statut du PAN	Publication d'un rapport préliminaire

TANZANIE

Date d'accession au MAEP	8 juillet 2004
Statut de l'évaluation	1re évaluation achevée
Date de publication du Rapport d'évaluation national	Janvier 2013
Statut du PAN	S.O

ZAMBIE

Date d'accession au MAEP	22 janvier 2006
Statut de l'évaluation	1re évaluation achevée
Date de publication du Rapport d'évaluation national	Aucun programme accessible au public
Statut du PAN	Aucun programme accessible au public

5. RÉGION AFRIQUE MERIDIONALE

AFRIQUE DU SUD

Date d'accession au MAEP	9 mars 2003
Statut de l'évaluation	1er juillet 2007
Date de publication du Rapport d'évaluation national	Néant
Statut du PAN	Néant

ANGOLA

Date d'accession au MAEP	8 juillet 2004
Statut de l'évaluation	N'a pas encore fait l'objet d'une évaluation
Date de publication du Rapport d'évaluation national	Néant
Statut du PAN	Néant

LESOTHO

Date d'accession au MAEP	8 juillet 2004
Statut de l'évaluation	1re évaluation achevée : juin 2009
Date de publication du Rapport d'évaluation national	Juin 2010
Statut du PAN	S.O

MALAWI

Date d'accession au MAEP	8 juillet 2004
Statut de l'évaluation	N'a pas encore fait l'objet d'une évaluation
Date de publication du Rapport d'évaluation national	Néant
Statut du PAN	Néant

ÎLE MAURICE

Date d'accession au MAEP	9 mars 2003
Statut de l'évaluation	1re évaluation achevée
Date de publication du Rapport d'évaluation national	Juillet 2010
Statut du PAN	S.O

MOZAMBIQUE

Date d'accession au MAEP	9 mars 2004
Statut de l'évaluation	1re évaluation achevée
Date de publication du Rapport d'évaluation national	Juin 2009
Statut du PAN	S.O

ANNEXE 2. RÉPARTITION DES PAYS AFRICAINS PAR RÉGIONS

LES GRANDES RÉGIONS AFRICAINES

AFRIQUE DE L'EST
Burundi, Comores, Djibouti, Érythrée, Éthiopie, Kenya Madagascar Malawi, Maurice, Mozambique, Rwanda, Seychelles, Somalie hu, Somali land, Soudan du Sud, Tanzanie, Ouganda, Zambie, Zimbabwe
AFRIQUE DU NORD
Algérie, Égypte, Libye, Maroc, Soudan, Tunisie
AFRIQUE CENTRALE
Cameroun, la Guinée équatoriale, le Gabon, la République du Congo, Tchad l'Angola, République centrafricaine, La République démocratique du Congo, L'île de Sao Tomé-et-Principe
AFRIQUE DE L'OUEST
Bénin, Burkina Faso, Cap-Vert, Côte d'Ivoire, Gambie, Ghana, Guinée, Guinée-Bissau, Liberia, Mali, Mauritanie, Niger, Nigeria, Sénégal, Sierra Leone, Togo,
AFRIQUE AUSTRALE
Botswana, Lesotho, Namibie, Afrique du Sud, Swaziland

Source : établi par l'auteur à partir d'internet. Ces régions économiques peuvent ne pas coïncider avec les régions politiques.

ANNEXE 3. TRAVAUX DE RECHERCHE DE GROUPE À EXPOSER

THEMES DE RECHERCHE

1. Analyser les raisons historiques, politiques, économiques et stratégiques qui ont justifié l'adoption du mécanisme d'évaluation par les pairs pour sortir l'Afrique de son état de sous-développement.
2. Répertorier les ressources humaines ou les compétences nécessaires à la réussite du programme d'actions du mécanisme africain d'évaluation par les pairs.
3. Rôle des organisations de la société civile dans la mise en œuvre du mécanisme africain d'évaluation par les pairs.
4. A quels moyens financiers doit-on recourir pour réaliser les objectifs du mécanisme africain d'évaluation par les pairs ?
5. Les soubassements juridiques actuels du mécanisme africain d'évaluation par les pairs permettent-ils d'atteindre les idéaux recherchés ?
6. Analyser les forces et les faiblesses du mécanisme africain d'évaluation par les pairs après quinze (15) années de mise en œuvre.
7. Après avoir identifié par quels indicateurs on peut apprécier réellement les performances du mécanisme africain d'évaluation par les pairs, faites-en l'évaluation durant le tri quinquennat écoulé depuis son lancement.
8. Quelles sont les organisations internationales qui peuvent contribuer à la réalisation des buts et objectifs du mécanisme africain d'évaluation par les pairs.
9. Sous quelles formes peut se présenter l'action participative des communautés humaines à la réussite du mécanisme africain d'évaluation par les pairs.
10. Le mécanisme africain d'évaluation par les pairs peut- il être un mythe ou une réalité.
11. Quels liens peuvent s'établir entre démocratie, sécurité et développement dans le cadre du mécanisme africain d'évaluation par les pairs.
12. Les conditions actuelles des relations économiques internationales peuvent-elles permettre au mécanisme africain d'évaluation par les pairs de réussir sa mission ?
13. Comment procéderez-vous pour réduire la lourdeur de la procédure et l'imprécision des modalités pratiques de certains des organes du mécanisme africain d'évaluation par les pairs pour améliorer son efficacité.
14. Après avoir pris connaissance des dispositions du traité de Lagos et de son acte final (OUA/1980) et du contenu du mémorandum d'entente relatif au mécanisme africain d'évaluation par les pairs (UA /2003), préciser les points de ressemblance et de dissemblance d'une part et d'autre part les insuffisances des deux plans.

ANNEXE 4. TRAVAUX DE RECHERCHE PERSONNELLE À DOMICILE

Pour assurer son émergence au cours du XXIe siècle, les dirigeants africains ont imaginé un nouvel instrument dénommé « Mécanisme d'évaluation par les pairs (MAEP) ». Lancée en 2003, cette institution à son 10e anniversaire le 9 mars 2014 comptait trente-quatre (34) pays ayant adhéré au Mécanisme. Il s'agit de :

« Afrique du Sud, Algérie, Angola, Bénin, Burkina Faso, Cameroun, Djibouti, Égypte, Éthiopie, Gabon, Ghana, Kenya, Lesotho, Libéria, Malawi, Mali, Mauritanie, îles Maurice, Mozambique, Niger, Nigéria, République du Congo, Rwanda, Sao Tomé et Principe, Sénégal, Sierra Leone, Soudan, Tanzanie, Tchad, Togo, Tunisie, Ouganda, Zambie et Guinée équatoriale ».

Cet organisme est sensé préparer les pays africains à la croissance économique et au développement durable. Après trente (30) heures de cours, il vous est demandé de répondre aux questions suivantes :

1. Quelles sont les raisons qui ont motivé le choix du nouveau mécanisme en remontant dans l'histoire économique mondiale ;
2. L'Afrique étant aujourd'hui classée en cinq (5) régions économiques, identifiez ces régions et répartissez-y les trente-quatre (34) pays ayant déjà adhéré au mécanisme ;
3. Listez le nombre de pays africains restants n'ayant pas adhéré au mécanisme et les répartir selon leurs régions d'appartenance ;
4. Identifiez certains autres domaines d'activités économiques susceptibles d'être intégrés au MAEP en dehors des quatre (4) adoptés par les initiateurs du MAEP en donnant les raisons de votre choix ;
5. Regroupez les pays africains ayant adhéré ou non au mécanisme selon leur appartenance linguistique (anglophone/francophone/arabophone/lusophone) ;
6. Précisez les quelques écueils qui peuvent empêcher ou bloquer la réussite du MAEP ;
7. Énoncez la stratégie que vous suggérez pour la résurgence africaine en cas d'échec du MAEP.

Le document à fournir par traitement de texte et de préférence plastifié ne doit pas dépasser dix (10) pages en utilisant la police de taille 16.

ANNEXE 5. TAUX DE CROISSANCE ÉCONOMIQUE DES PAYS AFRICAINS DE 2006 À 2013

Pays Année	2005	2006	2007	2008	2009	2010	2011	2012	2013
Afrique du Sud		5,3 %	5,1 %	3,6 %	- 1,7 %	2,8 %	3,5 %	2,5 %	2,0 %
Algérie		2,1 %	3,1 %	2,4 %	2,4 %	3,3 %	2,6 %	3,3 %	3,1 %
Angola		19,6 %	16,7 %	13,8 %	2,4 %	3,4 %	3,9 %	5,2 %	5,6 %
Bénin		3,8 %	4,5 %	5,0 %	2,7 %	2,6 %	3,5 %	5,4 %	5,6 %
Botswana		5,1 %	4,4 %	3,1 %	- 3,7 %	6,2 %	7,2 %	4,3 %	5,9 %
Burkina-Faso		5,5 %	3,6 %	5,2 %	3,2 %	7,9 %	5,0 %	9,0 %	6,5 %
Burundi		5,1 %	3,6 %	4,5 %	3,5 %	3,8 %	4,2 %	4,0 %	4,5 %
Cameroun		3,2 %	3,3 %	2,6 %	2,0 %	3,2 %	4,1 %	4,6 %	4,6 %
Cap Vert		10,8 %	6,9 %	6,2 %	3,6 %	1,5 %	4,0 %	2,5 %	1,5 %
Centra-frique		4,0 %	4,2 %	2,0 %	1,7 %	3,0 %	3,3 %	4,1 %	- 14,5 %
Congo Braz-zaville		6,2 %	- 1,6 %	5,6 %	7,5 %	8,8 %	3,4 %	3,8 %	4,5 %
Congo Kinshasa		6,4 %	7,0 %	6,2 %	2,8 %	7,2 %	6,9 %	7,2 %	6,2 %
Cote d'Ivoire		- 0,3 %	1,6 %	2,3 %	3,8 %	2,4 %	- 4,7 %	9,8 %	8,1 %
Djibouti		4,8 %	5,3 %	5,8 %	5,0 %	3,5 %	4,5 %	4,8 %	5,0 %
Egypte	4,5 %	6,8 %	7,1 %	7,2 %	4,7 %	5,1 %	1,8 %	2,2 %	2,1 %
Érythrée		- 1,0 %	1,0 %	- 9,8 %	3,9 %	2,2 %	8,7 %	7,0 %	7,0 %
Ethiopie	12,6 %	11,5 %	11,5 %	11,2 %	10,0 %	8,0 %	7,5 %	8,5 %	9,7 %
Gabon	- 0,8 %	1,2 %	5,6 %	2,3 %	- 1,4 %	5,7 %	7,1 %	5.5 %	5,9 %
Gambie		6,5 %	6,3 %	6,3 %	6,7 %	6,1 %	- 4,3 %	5,3 %	6,4 %
Ghana		6,3 %	5,7 %	8,4 %	4,7 %	7,7 %	15,0 %	7,9 %	7,9 %
Guinée		2,2 %	1,5 %	4,9 %	- 0,3 %	1,9 %	3,9 %	3,9 %	2,9 %
Guinée-Bissau		1,8 %	2,7 %	3,2 %	3,0 %	3,5 %	5,3 %	- 1,5 %	0,3 %
Guinée équatoriale		1,2 %	22,5 %	10,7 %	5,7 %	- 0,8 %	4,6 %	5,3 %	- 1,5 %
Kenya	5,9 %	6,4 %	7,0 %	1,6 %	2,6 %	5,6 %	4,4 %	4,6 %	5,6 %
Lesotho		6,2 %	4,8 %	4,7 %	3,0 %	3,6 %	5,7 %	6,0 %	5,8 %
Libéria	5,9 %	7,8 %	9,4 %	7,1 %	4,6 %	5,6 %	7,9 %	8,3 %	8,0 %
Libye	11,9 %	5,9 %	6,8 %	2,3 %	- 2,3 %	4,2 %	- 62,1 %	104,5 %	- 9,4 %
Mada-gascar	4,8 %	5,0 %	6,2 %	7,1 %	- 3,7 %	0,6 %	1,8 %	2,5 %	2,4 %

Malawi	2,6 %	8,2 %	7,9 %	8,6 %	7,6 %	6,5 %	4,3 %	1,9 %	5,0 %
Mali		5,3 %	2,8 %	5,0 %	4,5 %	5,8 %	2,7 %	- 1,2 %	4,8 %
Maroc		7,8 %	3,2 %	5,6 %	4,9 %	3,7 %	5,0 %	2,7 %	4,5 %
Maurice		5,1 %	5,4 %	5,5 %	3,0 %	4,2 %	3,8 %	3,3 %	3,4 %
Mauritanie		11,4 %	1,0 %	3,5 %	- 1,2 %	5,2 %	3,6 %	7,0 %	6,7 %
Mozam-bique		8,5 %	7,0 %	6,8 %	6,3 %	6,8 %	7,3 %	7,4 %	7,0 %
Namibie		7,1 %	5,5 %	4,3 %	- 0,8 %	4,8 %	5,7 %	5,0 %	4,3 %
Niger	8,4 %	4,8 %	3,1 %	9,3 %	- 0,9 %	8,0 %	5,5 %	11,1 %	3,6 %
Nigeria	5,4 %	6,2 %	6,4 %	6,0 %	7,0 %	8,7 %	7,4 %	6,6 %	6,3 %
Ouganda	10,0 %	6,6 %	8,6 %	8,7 %	7,2 %	5,2 %	6,4 %	2,8 %	6,0 %
Rwanda	9,4 %	7,3 %	7,9 %	11,2 %	4,1 %	7,5 %	7,0 %	8,0 %	5,0 %
Sao Tomé et Principe		6,7 %	6,0 %	5,8 %	4,0 %	4,5 %	5,0 %	4,0 %	4,0 %
Sénégal	5,6 %	2,0 %	4,5 %	3,2 %	2,2 %	4,2 %	4,0 %	3,5 %	4,0 %
Seychelles		8,3 %	7,3 %	- 1,3 %	0,7 %	6,2 %	5,0 %	2,8 %	3,6 %
Sierra Leone		7,4 %	6,4 %	5,5 %	3,2 %	5,0 %	6,0 %	15,2 %	16,3 %
Somalie		2,6 %	2,6 %	2,6 %	2,6 %	2,6 %	2,6 %	2,6 %	2,6 %
Soudan	0,4 %	11,3 %	10,2 %	6,8 %	6,0 %	6,5 %	- 1,8 %	- 3,0 %	3,4 %
Sud-Soudan	-	-	-	-	-	-	1,4 %	- 47,6 %	24,7 %
Swaziland		2,8 %	3,5 %	3,1 %	1,2 %	2,0 %	0,3 %	- 1,5 %	0,0 %
Tanzanie	7,4 %	6,7 %	7,1 %	7,3 %	6,7 %	6,4 %	6,4 %	6,9 %	7,0 %
Tchad	7,9 %	0,2 %	1,3 %	- 0,4 %	0,3 %	13,0 %	0,1 %	8,9 %	3,6 %
Togo		3,9 %	1,9 %	2,4 %	3,2 %	3,7 %	4,8 %	5,6 %	5,5 %
Tunisie		5,3 %	6,5 %	4,5 %	3,1 %	3,1 %	- 1,9 %	3,6 %	2,7 %
Turkmé-nistan	13,0 %	9,0 %	11,5 %	14,7 %	6,1 %	9,2 %	9,9 %	11,1 %	10,2 %
Zambie	5,3 %	6,2 %	6,2 %	5,7 %	6,4 %	7,6 %	6,8 %	7,2 %	6,0 %
Zimbabwe	- 7,7 %	- 4,6 %	-5,4 %	-17,7 %	6,0 %	9,0 %	10,6 %	10,6 %	3,0 %
Union européenne (27 pays)	**1,9 %**	**3,4 %**	**3,0 %**	**0,6 %**	**- 4,1 %**	**1,9 %**	**1,7 %**	**- 0,3 %**	
Monde				**2,7 %**	**- 0,8 %**	**5,1 %**	**3,8 %**	**3,1 %**	**2,9 %**
	2005	**2006**	**2007**	**2008**	**2009**	**2010**	**2011**	**2012**	**2013**

<u>Sources</u> : (BM) statistique.com/ Taux de croissance économique des pays africains 2014

ANNEXE 6. TEXTE CONSTITUTIF DU NEPAD

NEPAD/HGSIC/03-2003/APRM/MOU/Projet 9 mars 2003/NEPAD Secrétariat
PO Box 1234 Midrand 1685 SOUTH AFRICA
Tel : +27 11 313 3716 Fax : +27 11 313 3583 website : www.nepad.org
NEPAD/HSGIC/03-2003/APRM/MOU

6e SOMMET DU COMITÉ DES CHEFS D'ÉTAT
ET DE GOUVERNEMENT CHARGE DE LA MISE EN OEUVRE DU NEPAD
9 mars 2003 Abuja, NIGERIA

MÉMORANDUM D'ENTENTE RELATIF AU MÉCANISME AFRICAIN
D'ÉVALUATION PAR LES PAIRS
NEPAD/HGSIC/03-2003/APRM/MOU Projet 09 Mars2003

MÉMORANDUM D'ENTENTE
RELATIF AU MÉCANISME AFRICAIN D'ÉVALUATION PAR LES PAIRS
(ci-après dénommé MÉMORANDUM D'ENTENTE)

1. Nous, Chefs d'Etat et de Gouvernement des Etats membres de l'Union africaine, participant au Mécanisme africain d'Evaluation par les Pairs :

2. **CONSCIENTS** de nos engagements communs en faveur des principes et des objectifs énoncés dans l'Acte Constitutif de l'Union africaine adopté le 11 juillet 2000 à Lomé, Togo ;

3. **RAPPELANT** notre décision relative à la précédente Nouvelle Initiative africaine, actuellement devenue Nouveau Partenariat pour redéveloppement de l'Afrique, prise lors de la 37e Session de la Conférence des Chefs d'Etat et de Gouvernement de l'Organisation de l'Unité africaine en juillet 2001 à Lusaka, Zambie [AHG/Decl.1 (XXXVII) adoptant un cadre politique stratégique et une nouvelle vision pour la relance et le développement de l'Afrique ;

4. **RAPPELANT PAR AILLEURS** notre Déclaration sur la Mise en œuvre du Nouveau Partenariat pour le Développement de l'Afrique [Conférence/UA/Décl. 1(I)], faite lors du Sommet inaugural de l'Union africaine en juillet 2002 à Durban, Afrique du Sud, approuvant le Rapport d'Activités et le Plan d'Action Initial [AHG/235(XXXVIII) et NEPAD/HGSIC/03-2003/APRM/MOU Projet 09 Mars 2003 encourageant les Etats membres à adopter la déclaration du Nouveau Partenariat pour le Développement de l'Afrique relative à la Démocratie, à la bonne Gouvernance Politique, Economique et des Entreprises [AHG/235 (XXXVIII) Annexe 1] et à adhérer au Mécanisme africain d'Evaluation par les Pairs [AHG/235 (XXXVIII) Annexe II] ;

5. **REITERANT** notre engagement en faveur des principes et des valeurs cardinales, contenus dans la Déclaration relative à bonne Gouvernance Politique, Economique et des Entreprises ;

6. **RECONNAISSANT** que le Mécanisme africain d'Evaluation par les Pairs est d'encourager les Etats participants à assurer que les politiques et les pratiques des Etats membres participants soient conformes aux valeurs, codes et normes conventionnels en matière de bonne gouvernance politique, économique et des entreprises, et d'atteindre les objectifs mutuellement acceptés visant le développement socio-économique, tel que stipulé dans la Déclaration relative à la Démocratie, la bonne Gouvernance politique, économique et des entreprises ;

7. **RECONNAISSANT EN OUTRE** que le Mécanisme africain d'Evaluation par les Pairs est un instrument mutuellement accepté et auquel les Etats Membres de l'Union africaine ont volontairement adhéré en tant que Mécanisme africain d'auto supervision ;

8. **CONVAINCUS** que le but primordial du Mécanisme africain d'Evaluation par les Pairs est d'encourager l'adoption de politiques, de normes et de pratiques qui conduisent à une stabilité politique, une croissance économique forte, un développement durable et à une intégration économique sous régionale et continentale accélérée, par le biais d'échanges d'expériences et par la consolidation de meilleures pratiques ayant connu du succès, y compris l'identification des insuffisances et l'évaluation des besoins pour le renforcement des capacités des pays participants ;

9. **NOTANT AVEC SATISFACTION** le soutien de la communauté internationale surtout tel qu'il a été exprimé dans la Déclaration des Nations Unies (A/RES/57/2) et la Résolution relative au Nouveau Partenariat pour le Développement de l'Afrique (A/RES/57/7) affirmant le soutien du Système des Nations Unies à la mise en œuvre du Nouveau Partenariat pour le Développement de l'Afrique et recommandant que le Nouveau Partenariat pour le Développement de l'Afrique soit utilisé comme cadre de développement de l'Afrique par la communauté internationale, y compris le Système des Nations Unies et reconnaissant le caractère novateur et l'importance du Mécanisme africain d'Evaluation par les Pairs ;

10. **SALUANT** la résolution de l'Assemblée générale des Nations unies relative au "Renforcement du système des Nations unies : un nouvel ordre du jour en vue du renouveau" (RES/A/57/300) par laquelle l'Assemblée a approuvé, entre autres, la décision du Secrétaire Général de confier au Sous Secrétaire Général et Conseiller Spécial pour l'Afrique, qui devra lui en rendre compte, les responsabilités (a) de coordonner les activités de soutien des Nations Unies à l'Afrique, et (b) de coordonner et d'orienter les rapports sur l'Afrique surtout sur le Nouveau Partenariat pour le Développement de l'Afrique par les Nations Unies et la communauté internationale et de coordonner le plaidoyer mondial en faveur du Nouveau Partenariat pour le Développement de l'Afrique ;

11. **NOTANT** avec satisfaction les progrès enregistrés par le Comité des Chefs d'Etat et de Gouvernement chargé de la Mise en œuvre du Nouveau Partenariat pour le Développement de l'Afrique dans la mise en œuvre du Nouveau Partenariat pour le Développement de l'Afrique et en particulier les démarches entreprises pour rendre opérationnel le Mécanisme africain d'Evaluation par les Pairs ;

12. **SALUANT** l'initiative prise par un certain nombre d'Etats membres de l'Union africaine en adoptant la Déclaration d'Intention sur la Mise en OE œuvre du Mécanisme africain d'Evaluation par les Pairs le 3 novembre 2002 à Abuja, Nigéria ;

13. **PLEINEMENT DECIDES** à veiller à la mise en œuvre couronnée de succès du Nouveau Partenariat pour le Développement de l'Afrique, surtout du Mécanisme africain d'Evaluation par les Pairs y compris en facilitant la fourniture de ressources adéquates ;

14. **AYANT A L'ESPRIT** le rôle que les Communautés Economiques Régionales peuvent jouer en tant qu'éléments constitutifs de l'Union africaine, en aidant les Etats membres à améliorer leurs performances dans les domaines de la bonne gouvernance et du développement socio-économique ;

15. **RECONNAISSANT** le rôle important que devra jouer dans le Mécanisme africain d'Evaluation par les Pairs, le Comité des Chefs d'Etat et de Gouvernement participant, le Groupe des Eminentes Personnalités, les Equipes d'examen de la situation des Pays, le Secrétariat africain pour l'Evaluation par les Pairs et les institutions partenaires ;

16. **PAR CONSEQUENT** désireux de marquer notre adhésion à tout ce qui précède,

17. **ADOPTONS** par le présent Accord la Déclaration relative à la Démocratie, la bonne Gouvernance politique, économique et des entreprises [AHG/235 (XXXVIII) Annexe I] ;

18. **ACCEPTONS** les principes du Mécanisme africain d'Evaluation par les Pairs [AHG/235 (XXXVIII) Annexe II] et nous engageons à leur mise en œuvre. A cet effet, nous sommes **PRETS** à apporter toutes les ressources nécessaires en vue de faciliter les processus requis au niveau national, l'accès à toutes les informations requises et aux acteurs, et à garantir tous les privilèges et immunités nécessaires aux membres de l'équipe d'examen de la situation des pays ;

19 **NOUS CONVENONS PAR AILLEURS DE :**

20 **CONTRIBUER** pleinement au financement du Mécanisme africain d'Evaluation par les Pairs afin d'affirmer l'appropriation par l'Afrique du Mécanisme. Ceci couvre, entre autres, la recherche des fonds auprès des populations, des entreprises et des institutions africaines ;

21 **PRENDRE** toutes les mesures nécessaires pour faciliter le développement et la mise en œuvre d'un programme d'action national (paragraphe 13 du document principal du MAEP) en vue d'améliorer nos performances dans les domaines de la bonne gouvernance et du développement socio-économique, tel que stipulé dans le Mécanisme africain d'Evaluation par les Pairs ;

22 **GARANTIR** la participation de tous les acteurs, y compris les syndicats, les groupes de femmes, les jeunes, la société civile, le secteur privé, les communautés rurales et les associations professionnelles, à l'élaboration dudit programme d'action national ;

23 **SIGNER** après des concertations avec toutes les parties prenantes dans nos différents pays un Protocole d'Accord sur l'Evaluation Technique et la Visite d'examen de la situation des Pays ;

24. **PRENDRE** toutes autres mesures qui peuvent s'avérer nécessaires pour la mise en œuvre des recommandations adoptées à la fin du processus d'examen pendant la période spécifique indiquée et de les incorporer dans nos plans d'action nationaux respectifs ;

25 **COOPÉRER** et de **NOUS ENTRAIDER** autant que cela peut s'avérer nécessaire en partageant les meilleures pratiques et en renforçant nos capacités pour corriger les défaillances identifiées y compris la demande de la coopération avec des partenaires au développement extérieurs ;

26 **ACCEPTER** que le dialogue et la persuasion des pairs seront exercées, au cas où tel s'avère nécessaire pour faciliter l'amélioration des pratiques et des politiques des pays, conformément aux meilleures pratiques africaines et internationales lorsque celles-ci sont recommandées.

DISPOSITIONS GÉNÉRALES

27 Toutes les procédures à adopter dans le cadre du Mécanisme africain d'Evaluation par les Pairs, seront conformes aux décisions et procédures de l'Union africaine.

28 Tout différend relatif à l'interprétation et la mise en œuvre du présent Accord sera réglé par voie de négociation entre les parties au différend.

29 Le Mémorandum d'Entente peut être amendé à tout moment par consentement mutuel de tous les pays participants suite à une demande écrite émanant d'un Etat participant.

30. Les Etats membres de l'Union africaine désireux d'adhérer au Mécanisme Africain d'Evaluation par les Pairs signeront le Mémorandum d'Entente et déposeront le document signé au Secrétariat du NEPAD, Midrand, Afrique du Sud conformément.

31. Le Mécanisme africain d'Evaluation par les Pairs prendra effet à partir de la date où le cinquième Etat membre de l'Union africaine aura déposé le document signé.

32. Tout Etat participant peut dénoncer sa participation au présent Accord et au Mécanisme africain d'Evaluation par les Pairs en donnant une notification écrite à cet effet au Secrétariat du NEPAD, qui à son tours en saisira par écrit les Etats membres. La date d'effet de son retrait interviendra six mois après réception de la lettre de notification.

33. Le Secrétariat du Nouveau Partenariat pour le Développement de l'Afrique (Secrétariat du NEPAD) servira, à titre intérimaire, de Secrétariat du Mécanisme africain d'Evaluation par les Pairs (Secrétariat de l'EAP) jusqu'à ce que ce dernier soit établi.

34. Le présent Mémorandum d'Entente sera établi en langues arabe, anglaise, française et portugaise, toutes les quatre versions faisant également foi.

36. **EN FOI DE QUOI,** le soussigné, dûment autorisé par son gouvernement, a signé le présent Mémorandum d'Entente.

FAIT à … … … … … … … … … … … ..le … … … … … … … … deux mille trois.

Signature… … … … … … … … … … … … … … …

[Nom]

Chef d'Etat et de Gouvernement (ou le représentant dûment mandaté)

Documents joints :

I) Déclaration relative à la Démocratie, la bonne Gouvernance politique, économique et des entreprises [AHG/235 (XXXVIII) Annexe I] ;

II) Document de Base du Mécanisme africain d'Evaluation par les Pairs [AHG/235 (XXXVIII) Annexe II;]

ANNEXE 7. FINAL ACT OF LAGOS

We, the Heads of State and Government of the Organization of African Unity, meeting in Lagos, Nigeria, in the Second Extraordinary Session of the OAU Assembly of Heads of State and Government, devoted exclusively to economic problems of Africa,

Considering the relevant provisions of the Charter, particularly those relating to the OAU objectives to co-ordinate and intensify co-operation and efforts of Member States with a view to providing the best conditions of life to the peoples of Africa;

Recalling the various Resolutions and Declarations adopted at our previous summit stipulating that the economic development and integration of the African continent are an essential condition for the achievement of the objectives of the OAU, particularly those formulated in Algiers (September 1968), Addis Ababa (August 1970 and May 1973); and Libreville (July 1977);

Recalling our decision taken in Libreville in July 1977, on the adoption of the Kinshasa Declaration of December 1976 establishing an African Economic Community in successive stages within 15 to 25 years;

Recalling our "Monrovia Declaration of Commitment on guidelines and measures for national and collective self-reliance in economic and social development for the establishment of a new international economic order" which, inter alia, calls for the eventual establishment of an African Common Market, paving the way for an African Economic Community;

Noting that developments in international economic relations and global negotiations between the developed and the developing countries confirm Africa's judicious choice in promoting collective self-reliant and self-sustaining development as well as economic integration;

Also noting the progress being made in the field of economic co-operation among developing countries, and especially the setting up of a Committee on a Generalized System of Trade Preferences among Developing Countries, with particular reference to the African Region;

Noting the initiative already taken to promote intra-African economic co-operation and integration at sectoral, sub-regional and regional levels;

Convinced of the need to co-ordinate progressively existing and future economic activities of the continent and to promote the integration of the various economic sectors;

AGREE on the following

I. Plan of Action

Confirm our full adherence to the Plan of Action, adopted at the present Extraordinary Session of the Assembly of Heads of State and Government for implementing the Monrovia Strategy for the Economic, Social and Cultural

Development of Africa and to adopting, among 99 other measures, those relating to the setting up of regional structures and the strengthening of those already existing for an eventual establishment of an African Common Market as a first step towards the creation of an African Economic Community.

II. Implementation of the Plan of Action

A. *African Economic Community*

We reaffirm our commitment to set up, by the year 2000, on the basis of a treaty to be concluded, an African Economic Community, so as to ensure the economic, social and cultural integration of our continent. The aim of this community shall be to promote collective, accelerated, self-reliant and self-sustaining development of Member States; co-operation among these States; and their integration in the economic, social and cultural fields.

We are, consequently, authorising the Secretary General of the OAU:

(i) to appoint, as quickly as possible, a Drafting Committee, at ministerial level, to prepare the draft of the treaty establishing the African Economic Community;

(ii) to submit this draft for the consideration of the Assembly of Heads of State and Government scheduled for 1981.

B. Stages of implementation

To achieve this ultimate objective, We commit ourselves:

1. During the decade of the 1980s to:

(a) strengthen the existing regional economic communities and establish other economic groupings in the other regions of Africa, so as to cover the continent as a whole (Central Africa, Eastern Africa, Southern Africa, Northern Africa);

(b) strengthen, effectively, sectoral integration at the continental level, and particularly in the fields of agriculture, food, transport and communications, industry, and energy;

(c) promote co-ordination and harmonisation among the existing and future economic groupings for a gradual establishment of an African Common Market.

2. During the decade of the 1990s to:

(a) Take steps for further sectoral integration through: harmonisation of our strategies, policies and economic development plans; promotion of joint projects, particularly in the abovementioned economic fields; harmonisation of our financial and monetary policies;

(b) Take measures to effect the establishment of an African Common Market and other measures that would lead to the attainment of the aims and objectives of the African Economic Community. To implement the Plan of Action at the various stages, we direct the Secretary General of the OAU, in co-operation with the Executive Secretary of the United Nations Economic Commission for Africa, to take all the appropriate measures, in accordance with Part II, 100 paragraph 7, of the Monrovia Strategy and to submit a progress report to the 1982 Session of our Assembly.

Done at Lagos, Nigeria, April 1980.

CONTENTS

Preamble

Chapter 1: food and agriculture
Chapter 2: industry
Chapter 3: natural resources
Chapter 4: human resource development and utilization
Chapter 5: science and technology
Chapter 6: transport and communications
Chapter 7: trade and finance
Chapter 8: measures to build up and strengthen economic and technical co-operation including creation of new institutions and strengthening of existing ones
Chapter 9: environment and development
Chapter 10: the least developed African countries
Chapter 11: energy
Chapter 12: women and development
Chapter 13: development planning, statistics and population

Annex 1: final act of Lagos
Annex 2: resolution on the Lagos plan of action
Annex 3: resolution on the participation of Africa in international negotiations
Annex 4: vote of thanks

BIBLIOGRAPHIE

Académie française, *Le Petit Larousse*, éditions HER, Paris 1999.

Agbobli Edo K. M., *Précis des techniques élémentaires de planification*, les NEA du Togo, Lomé, 1994.

Agbobli Edo K. M., *Histoire des faits économiques et sociaux*, NEA-Togo, Lomé, 1994.

Agbobli Edo K. M., *Petit précis d'économie politique*, Editions Bognini, Abidjan, 2003.

APRM, *Progrès réalisé par le MAEP*, Publication Union africaine, Addis-Abeba, 2014.

Afrique Expansion Magazine, *Commerce international. La part insignifiante de l'Afrique*, Paris, 2011.

Amin Samir, *L'accumulation à l'échelle mondiale*, Editions Anthropos, Dakar, 1970.

Alternatives économiques, n° 152, octobre, Paris, 1997.

BM, IDA, BAD, AFD, *Les diverses études sur le développement des infrastructures africaines*, Washington, Abidjan, Paris, 2009.

BM/CNUCED, *L'Afrique des idées, Think Tank indépendant*, *Rapport sur l'investissement dans le monde*, Genève-Paris, 2013.

Banque mondiale, *Le développement au seuil du XXIe siècle- Rapport sur le développement dans le monde 1999-2000*, Editions ESKA, Paris, 2000.

Banque mondiale, Le *monde du travail dans une économie sans frontières. Rapport sur le développement humain dans le monde 1995*, Oxford University Press, Washington, 1995.

Banque mondiale, *Le développement au seuil du XXIe siècle. Rapport sur le développement humain dans le monde 1999-2000*, Editions ESKA, Paris, 2000.

CEA, *Perspectives africaines*, Publications des nations unies, Washington, 2014.

Chuhan-Pole Punam, *Yes Africa Can: Success Stories from a Dynamic Continent*, WorldBank, Washington 2014.

CEA, *Rapport sur les conditions économiques et sociales en Afrique de l'Ouest en 2010 et les perspectives pour 2011*, Washington, 2010.

CEA, *Programme régional pour l'Afrique en matière de lutte contre la corruption 2011-2016*, publication des Nations unies, Addis-Abeba.

CEE-Commission, *Possibilité d'industrialisation des Etats africains et malgache associés*, Publication de la CEE –Rapport de synthèse/Rapport Volume 1, Bruxelles, 1966.

Eurostat, *Commerce extérieur de l'union européenne avec les Etats africains des Caraïbes et du Pacifique (ACP) et les pays et territoires d'outre-mer (PTOM)*, Luxembourg, 1997.

Devaraian Shanta, *Les indicateurs du développement en Afrique*, ADI 2010, Washington, 2010.

DIENG Momar Lissa, in FRAO (Fondation Rurale de l'Afrique de l'Ouest), http://base.d.p-h.info/fr/corpus_auteur_879.html

Diop Cheikh Anta, *Civilisation et barbarie*, Présence africaine, Paris, 1981.

Dumont René, *L'Afrique noire est mal partie*, Edition Le Seuil, coll. « Esprit », Paris, 1962 (réédition en 2012).

Dumont René, *L'Afrique commerce avec l'Afrique*, Presses universitaires de France, Paris, 1968.

Dumont René et Paquet Charlotte, *Finis les lendemains qui chantent.* Tome 3 : *Bangladesh-Népal, « l'aide » contre le développement*, Edition Le Seuil, coll. « L'Histoire immédiate », Paris, 1983.

ESF, www.esf. Asso.fr, Paris, Déc. 2009.

Gourens Charles, *Sécurité et développement de l'Afrique : une nouvelle approche pour l'UE*, Cahiers de Chaillot n°99, Bruxelles, Avril 2007.

Commission économique des Nations Unies pour l'Afrique (CEA) / Organisation des Nations Unies pour l'éducation, la science et la culture (UNESCO).

Mutule Guisan, *Afrique renouveau*

Hugon Philippe, *Economie de l'Afrique*, Editions la découverte, Paris, 2003.

Jale Pierre, *Le pillage du Tiers Monde*, Paris, Ed. Maspero (coll. « Cahiers libres »), 1965.

July Robert W., *Histoire des peuples d'Afrique*, Nouveaux horizons, tome 1, Paris, 1977.

July Robert W., *Histoire des peuples d'Afrique*, Nouveaux horizons, tome 2, Paris, 1977.

July Robert W., *Histoire des peuples d'Afrique*, Nouveaux horizons, tome 3, Paris, 1977.

July Robert W., *Histoire des peuples d'Afrique*, Nouveaux horizons, tome 4, Paris, 1977.

International center for trade and sustainable development, Genève, 2012

Lacharrière Guy, *Commerce extérieur et sous-développement*, PUF, Paris, 1964.

Legendre Rénald, *Dictionnaire actuel de l'éducation. Le défi éducatif*, Guérin et Esa (Editeurs), Montréal/Paris, 1993.

Malthus Thomas R., *An Essay on the Principle of Population, as it affects the Future Improvement of Society with Remarks on the Speculations of Mr. Godwin, M. Condorcet, and Other Writers London*, printed for J. Johnson, in St. Paul's Church Yard, Edition anonym de 1798.

Magnox Claire, *Groupe de recherche et d'information sur la paix et la sécurité, Note d'analyse*, Bruxelles, 2014

Marx Karl et Engels F., *Le manifeste du parti communiste*, Bibliothèque nationale Allemande, 1847.

Mohiédine Ahmed, expert de la CEA, *Réflexions sur le MAEP*, Addis-Abeba, sdf.

Nations unies, espérance de vie à la naissance dans le monde, Division population, Publication ONU, Washington, 2010.

Odile Castel, *L'ajustement structurel et après*, Editions Maisonneuve et Larowe, Luisant, 1995.

Knud, *Rapport sur le développement humain 2014. Pérenniser le progrès humain : réduire les vulnérabilités et renforcer la résilience*, Edition Communications Développent Incorporated, Washington, 2014.

Richet Charles, « L'homme stupide », in *Jeune Afrique* n° 2826 du 08 au 14 mars 2015, Paris.

UA, 18e Sommet des Chefs d'Etat et de Gouvernement, Addis-Abeba, 26 janvier 2013.

Vinay Bernard, *L'Afrique commerce avec l'Afrique*, PUF, Paris 1968

http //:www.terangaweb.com/afrique-attraction-investissements-directs-étrangers/

http ://www org/africarenewal/fr/topic/development

http://www.glossaire-international.com/pages/tous-les-termes/investissement-direct-a-l-etranger-ide.html#HSJOW1iQ01lbJJPw.99

TABLE DES MATIÈRES

SIGNIFICATION DES SIGLES ET ABRÉVIATIONS 11

AVANT-PROPOS 13

INTRODUCTION GÉNÉRALE 17

Les sous-entendus du mécanisme
ou la priorisation recherche du développement 19
La signification du mécanisme 20
L'évaluation du phénomène 20
L'autorité décisionnelle : les pairs 21

PREMIÈRE PARTIE
CADRE DE MISE EN ŒUVRE 23

CHAPITRE PREMIER
Contexte d'application du mécanisme 25

1.1. Les difficiles conditions économiques africaines 26
1.1.1. Les ressources démographiques 28
1.1.2. La faiblesse de l'activité économique 32
1.1.3. Les précaires conditions sociales 34
1.2. Les facteurs endogènes de blocage de la croissance 35
1.2.1. L'incompétence de l'administration publique 35
1.2.2. La corruption généralisée et permanente 37
1.2.3. Le choix inconséquent des investissements 38
1.2.4. La déficiente de l'infrastructure économique 40
1.2.5. La complexité du climat des affaires 42
1.2.6. L'inexistence et la marginalisation du secteur privé 44
1.3. Les implications de facteurs exogènes (PREI) 47
1.3.1. La faiblesse du niveau des échanges 47
1.3.2. La faiblesse du transfert de technique et de technologie 49
1.3.3. L'insuffisance des investissements directs de l'étranger (IDE) . 52

1.3.4. L'amenuisement des ressources extérieures 55
1.3.5. La persistance des luttes internes d'hégémonie 56

CHAPITRE 2
Fondements du mécanisme d'évaluation par les pairs 61

2.1. La conceptualisation du MAEP
(Mécanisme africain d'évaluation par les pairs) 63
2.1.1. Le principe 65
2.1.2. Le mandat 67
2.2. Le fonctionnement du MAEP 68
2.2.1. La constitution 68
2.2.2. Le processus 69

DEUXIÈME PARTIE
ORGANISATION DU MÉCANISME 73

CHAPITRE 3
Les structures fonctionnelles du MAEP 75

3.1. La direction exécutive 76
3.1.1. Les missions de la direction exécutive 76
3.1.2. La composition de la direction exécutive 76
3.1.3. La durée des mandats des membres 77
3.2. Le secrétariat technique 77
3.2.1. Les conditions d'implantation du secrétariat 77
3.2.2. La fonctionnalité technique 78
3.3. Les modalités et procédures d'investigation 80
3.3.1. Le mode d'action et les types d'évaluation 81
3.3.2. Le processus de l'évaluation 81
3.3.3. La durée de l'évaluation entre pairs 83

CHAPITRE 4
Domaines opérationnels 85

4.1. Les fondements du choix des domaines 85
4.1.1. Les bases du choix du domaine 86
4.1.2. La détermination de la réglementation 87
4.2. Les domaines ciblés 88
4.2.1. La démocratie et la gouvernance politique 88
4.2.2. La gouvernance et la gestion économiques 90
4.2.3. La gouvernance d'entreprise 91
4.2.4. Le développement socio-économique 92

TROISIÈME PARTIE
ÉVALUATION DU MÉCANISME 95

CHAPITRE 5
Les expériences nationales vécues - éléments de force 97

5.1. Etat des adhésions 97
5.1.1. La pertinence de l'adhésion 97
5.1.2. Les pays adhérents 98
5.1.3. Les pays en attente d'adhésion 99
5.2. L'efficacité de l'appartenance au MAEP 100
5.2.1. Les gains politiques 101
5.2.2. Les gains économiques 102
5.2.3. Les gains sécuritaires 103

CHAPITRE 6
Les imperfections du mécanisme – éléments de faiblesse 107

6.1. Les faiblesses institutionnelles du mécanisme 108
6.1.1. Les pesanteurs des prescriptions juridiques 109
6.1.2. Les insuffisances induites des évaluations 110
6.1.3. La non-disponibilité des compétences 111
6.2. La déficience de l'action participative 112
6.2.1. La faible action participative des populations 112
6.2.2. Un contrôle limité des organes de direction 114
6.3. La persistance permanente des pesanteurs politiques 115
6.3.1. Les lacunes structurelles du plan de Lagos 115
6.3.2. Les défaillances organiques du MAEP 117

CONCLUSION GÉNÉRALE 121

ANNEXES 125

BIBLIOGRAPHIE 147

Politique aux éditions L'Harmattan

Dernières parutions

RENAÎTRE, OU DISPARAÎTRE
Borel Félicien
L'auteur approfondit ici quelques idées sur des sujets majeurs. La nature qui nous entoure est notre seul habitat. Il est important de réfléchir sur les périls qui la menacent. Les responsables qui conduisent leur pays arrivent à des carrefours où il faut choisir les bonnes voies. Il convient aussi de préparer l'avenir par une éducation appropriée et de nous préoccuper de notre langue. Notre civilisation se trouve aujourd'hui face à un avenir incertain : elle peut renaître ou risquera de disparaître.
(Coll. Questions contemporaines, 30.00 euros, 300 p.)
ISBN : 978-2-343-04388-3, ISBN EBOOK : 978-2-336-36094-2

NATION (LA) OU LE CHAOS
Manifeste pour le renouveau
Myard Jacques
Notre pays est-il condamné à voir croître jour après jour le nombre de chômeurs et de ceux qui partent tenter ailleurs leur chance ? Jusqu'à quand acceptera-t-il de laisser à Bruxelles et à l'Amérique le soin de décider à sa place ? Faut-il jeter la Nation aux orties ? L'auteur démasque derrière les maux de la France les renoncements, les pièges et les chimères, qui, de l'euro à la repentance, lacèrent notre pacte social. Il appelle à un renouveau qui partira d'une nation fière et confiante en ses atouts.
(16.50 euros, 160 p.)
ISBN : 978-2-343-04846-8, ISBN EBOOK : 978-2-336-36251-9

DE LA COLÈRE EN L'OCCIDENT FANTÔME
Essai
Teixeira Vincent
L'Occident n'a cessé de bruire de colères, masquant sa volonté de puissance sous la bannière de «la civilisation». Mais son devenir récent inquiète, tant la domination techno-industrielle, l'hyperconsommation, la religion du progrès s'avèrent aussi aventureuses qu'empoisonnées. Aux mutilations de la planète s'ajoutent la domestication des esprits. La colère ne devrait-elle pas renouer avec les pouvoirs de la parole, comme contre-poison et refus de consommer le monde ?
(12.00 euros, 106 p.)
ISBN : 978-2-343-04859-8, ISBN EBOOK : 978-2-336-36192-5

CONTRAT (LE) CITOYEN
Essai sur la réduction des inégalités politiques et socio-économiques pour un monde meilleur
Diouf Lamine Diack
L'auteur préconise la mise en œuvre à l'échelle planétaire d'une politique de concertation et de collaboration entre les peuples pour mettre en place des solutions justes et durables. Seuls les citoyens peuvent ressusciter le droit, la vertu et la solidarité. Ce livre, en plus de rafraîchir la mémoire en revisitant l'histoire de la République de l'Antiquité à nos jours ainsi que les textes des grands penseurs, est fondateur du XXIe siècle et utile pour un futur meilleur.
(24.00 euros, 240 p.)
ISBN : 978-2-296-99887-2, ISBN EBOOK : 978-2-336-36026-3

MISÈRE DE LA DÉMOCRATIE
Pour une réingénierie de la politique
Cognard Alain
Après un siècle de guerres planétaires, un siècle de pillage et d'escroquerie prend racine. Comment les peuples pourront-ils reprendre la main et retrouver un intérêt commun dans la poursuite d'une aventure humaine devenue si fragile ? La réponse tient dans le développement spectaculaire des compétences des individus et des groupes qui peuvent aujourd'hui commencer une réingénierie de la politique et évincer ceux qui profitent du système au lieu de le réformer.
(Coll. Questions contemporaines, 24.00 euros, 230 p.)
ISBN : 978-2-343-04171-1, ISBN EBOOK : 978-2-336-36126-0

C'ÉTAIT LA DÉMOCRATIE
Anthologie commentée de textes sur la démocratie antique, ses réussites et ses dérives
Ségur Philippe
Voici une présentation attractive et commentée de la démocratie athénienne à travers les textes d'historiens, de philosophes, d'orateurs, de tragédiens, de poètes comiques de l'Antiquité : Eschyle, Sophocle, Euripide, Aristophane, Hérodote, Thucydide, Platon, Isocrate, Aristote, Eschine, Démosthène. On comprend combien leur approche de la politique était moderne et à quel point certaines difficultés de l'époque sont proches de celles que nous connaissons aujourd'hui.
(Coll. Logiques Juridiques, 14.00 euros, 140 p.)
ISBN : 978-2-343-04441-5, ISBN EBOOK : 978-2-336-35984-7

POUVOIRS, IMPOSTURES
Du mensonge à l'encontre des peuples
Péruisset-Fache Nicole
Afin d'accepter sa condition, notre espèce a, au cours de sa longue histoire, eu recours aux dieux censés gouverner les affaires humaines. Néanmoins, au fil du temps et des progrès techniques et scientifiques, des substituts matériels tels que l'argent, la consommation, et l'omniprésence des médias de masse les ont remplacés. Recours aux dieux ou à des substituts sont sous-tendus par les pratiques d'imposture des puissants à l'encontre des peuples. Ce sont ces pratiques des puissants que cette analyse tente de mettre en lumière pour, si possible, permettre de les déjouer.
(Coll. Questions contemporaines, 22.00 euros, 224 p.)
ISBN : 978-2-343-04788-1, ISBN EBOOK : 978-2-336-36091-1

MER (LA) ROUGE OU L'ÉPREUVE DU DEUX
Ramond Michèle
Le monde actuel nous alarme par ses divisions intolérables et criminelles. Injustices, inégalités, sexisme, misogynie, homophobie, haine de l'autre, meurtres et guerres tous azimuts imposent jour après jour le fantôme d'un Dieu Deux terrifiant et cruel. Cet essai examine l'état divisé de notre société mais il s'efforce aussi de trouver des remèdes à ses maux : dans ces moments de grâce il rencontre les propositions de la littérature et il se transforme parfois en une rencontre amoureuse sur les bords de la Mer Rouge.
(Coll. Créations au féminin, 16.50 euros, 168 p.)
ISBN : 978-2-343-04738-6, ISBN EBOOK : 978-2-336-36183-3

DES ÉTATS *DE FACTO*
Abkhazie, Somaliland, République turque de Chypre nord...
Bonnot Maurice
Anomalies du système international, les États de facto, autoproclamés, non reconnus, existent malgré le vide juridique dans lequel ils sont relégués, tels l'Abkhazie, le Haut-Karabagh, le Kossovo, l'Ossétie du Sud, la République turque de Chypre nord, la Transnistrie, la RASD (République Arabe Sahraouie Démocratique). Nombre de leurs aspects sont d'une normalité avérée, loin des clichés de terres laissées à l'anarchie que certains se plaisent à opposer aux États souverains, ordonnés et stables.
(27.00 euros, 264 p.)
ISBN : 978-2-343-04074-5, ISBN EBOOK : 978-2-336-36121-5

PEUPLES AUTOCHTONES ET INDUSTRIES EXTRACTIVES
Mettre en œuvre le consentement, libre, préalable, informé
Sous la direction de Cathal Doyle et Jill Carino.
Trois organisations britanniques de la société civile ont établi, avec des représentants autochtones, un consortium pour le développement d'un projet visant à rendre effectif, dans l'industrie minière, le consentement préalable, libre et informé (FPIC en anglais, CPLI en français). Le présent rapport doit servir de base pour le dialogue. Il comprend à la fois des éléments de droits, le point de vue des autochtones, des études de cas aux Philippines, Canada, Panama et identifie les principaux enjeux et perspectives.
(Coédition GITPA / IWGIA France, Coll. Questions autochtones, 20.00 euros, 186 p.)
ISBN : 978-2-343-04698-3, ISBN EBOOK : 978-2-336-35993-9

OCÉAN ALERTE ROUGE
Chroniques d'un désastre annoncé
de Pompignan Nathalie, Albanel Constance – Préface de Bertrand de Lesquen
L'océan occupe 70% de la surface de notre planète. Vaste, on le croit indestructible. Il ne l'est pas. Désormais nous le savons, sa santé est en péril : immenses zones marines mortes, continent de plastique, disparition de récifs coralliens... A partir de données scientifiques et d'études reconnues, ce livre dresse un état des lieux des menaces, des risques et des actions collectives en cours sur le sujet.
(26.00 euros, 258 p.)
ISBN : 978-2-343-03817-9, ISBN EBOOK : 978-2-336-35675-4

FIN (LA) DU CAPITAL
Pour une société d'émancipation humaine
Prone André – Préface de Samir Amin
L'interventionnisme militaire, l'accaparement par les grandes puissances internationales des terres et des ressources des pays tiers, la montée des néofascismes, la profondeur de la crise généralisée, tout cela mène l'auteur à faire l'hypothèse de la fin du capital et de l'imminence d'une nouvelle phase historique. A partir de cette probabilité signifiante, il approfondit la matrice écomuniste dans le prolongement de la pensée marxienne, tout en recherchant le meilleur moyen d'ouvrir la voie à une société d'émancipation humaine.
(Coll. Questions contemporaines, 15.00 euros, 154 p.)
ISBN : 978-2-343-03950-3, ISBN EBOOK : 978-2-336-35369-2

UNE NOUVELLE SOCIÉTÉ SOLIDAIRE
Par un nouveau contrat social
Pittet Ignace
Pour sortir de la crise morale, politique, économique et écologique mondiale, voici une proposition sérieuse d'un projet de société élaboré à partir du Solidarisme des années 1900. L'auteur nous convie à réaliser ensemble ce projet à l'image d'une construction de la maison de nos rêves, une maison solide, aux lignes harmonieuses et dans laquelle il fera bon vivre.
(24.00 euros, 272 p.)
ISBN : 978-2-343-03306-8, ISBN EBOOK : 978-2-336-35216-9

COMMENT EN FINIR AVEC LA FAIM EN TEMPS DE CRISES
Commençons dès maintenant !
Trueba Ignacio, MacMillan Andrew
Texte traduit de l'anglais et édité par Mathias Maetz ; préface de José Graziano sa Silva
Parmi les sept milliards de personnes vivant au monde, plus de la moitié mange mal et un milliard n'a pas assez de nourriture, deux milliards sont en surpoids ou obèses. Près d'un tiers de la nourriture produite est gaspillée, dont une grande part est jetée par les consommateurs vivant en «Occident». Ceux qui ont le plus besoin de nourriture ne peuvent pas s'en procurer. Notre système alimentaire mondial est en désordre. Comment rendre meilleur le monde pour ses habitants ?
(13.50 euros, 122 p.)
ISBN : 978-2-343-03396-9, ISBN EBOOK : 978-2-336-35286-2

MACHIAVEL OU L'ILLUSION RÉALISTE
Bertrand Maurice
L'œuvre politique de Machiavel nous concerne aujourd'hui de façon directe parce qu'elle expose la théorie de l'asservissement des peuples et que nous sommes toujours asservis. Les formes de notre servitude ont changé, mais les méthodes qui permettent à une infime minorité de l'imposer sont toujours les mêmes. La vision du monde de Machiavel continue d'imposer une philosophie de résignation. Détruire le «faux réalisme» qui nous empêche d'y voir clair est une tâche très urgente.
(Coll. Questions contemporaines, 14.00 euros, 156 p.)
ISBN : 978-2-343-03664-9, ISBN EBOOK : 978-2-336-35215-2

DÉRAISON D'ÉTAT
Déshérence des villes
Lefebvre Jean-Pierre
Malgré sa dégénérescence au Nord, le capitalisme inégalitaire tire des milliards d'êtres humains du Sud du sous-développement. Mais la planète épuisée n'a plus les moyens de suivre cette voie. L'auteur relit Hegel, Proudhon, Henri Lefebvre, Bourdieu, Castoriadis, Onfray, Badiou, Laval, Dardot, Harribey... pour réenvisager les logiciels d'un après capitalisme viable.
(Coll. Questions contemporaines, 39.00 euros, 400 p.)
ISBN : 978-2-343-03599-4, ISBN EBOOK : 978-2-336-35285-5

ANTIMANUEL DU BON REBELLE
Guide de contre-politique pour subalternes anticapitalistes et antisystémiques
Aguirre Rojas Carlos Antonio
Traduit de l'espagnol (Mexique) par Solène Mallet
Quel est le visage de cette protestation sociale et politique qui ne cesse de se répandre de par le monde depuis 2011 ? Quelles sont les différences entre mobilisation sociale, mouvement social, mouvement anticapitaliste et mouvement antisystémique ? Quel est le rôle des mouvements antisystémiques d'Amérique latine dans le panorama mondial de la rébellion sociale actuelle ? Comment comprendre les rébellions de ces dernières années qui ont eu lieu, et qui ont lieu en Europe, dans le monde arabe, aux États-Unis et en Amérique latine ?
(17.00 euros, 162 p.)
ISBN : 978-2-343-03969-5, ISBN EBOOK : 978-2-336-35202-2

POUVOIR ET RESPONSABILITÉ AU SEIN DE L'ADMINISTRATION DÉCENTRALISÉE
Jouzel Tony
Le principe démocratique veut que l'élu local soit le détenteur du pouvoir de décision mais également de la responsabilité correspondante. Au sein des collectivités territoriales, cela signifie que le fonctionnaire ne peut avoir qu'un rôle d'exécutant. Pourtant, cette répartition a commencé à changer. Parce que l'élu souhaite ménager sa responsabilité au regard du pouvoir qui lui incombe, le fonctionnaire peut occuper la place laissée ainsi libre.
(38.00 euros, 380 p.)
ISBN : 978-2-343-00181-4, ISBN EBOOK : 978-2-336-35184-1

COOPÉRATION (LA) POLICIÈRE GLOBALE CONTRE LE TRAFIC DE DROGUE INTERNATIONAL
Perras Chantal
Ces dernières années, la coopération policière globale est l'objet d'un engouement souvent attribué à des vertus d'efficacité. Toutefois, peu d'informations sont disponibles sur le processus en lui-même. Voici fournie une analyse englobant les préoccupations des autorités politiques et des acteurs judiciaires et policiers : élaboration de concepts, signature de conventions, déroulement quotidien des activités policières transnationales, procédures judiciaires...
(Coll. Questions contemporaines, 26.50 euros, 256 p.)
ISBN : 978-2-343-02770-8, ISBN EBOOK : 978-2-336-35188-9

L'HARMATTAN ITALIA
Via Degli Artisti 15; 10124 Torino

L'HARMATTAN HONGRIE
Könyvesbolt ; Kossuth L. u. 14-16
1053 Budapest

L'HARMATTAN KINSHASA
185, avenue Nyangwe
Commune de Lingwala
Kinshasa, R.D. Congo
(00243) 998697603 ou (00243) 999229662

L'HARMATTAN CONGO
67, av. E. P. Lumumba
Bât. – Congo Pharmacie (Bib. Nat.)
BP2874 Brazzaville
harmattan.congo@yahoo.fr

L'HARMATTAN GUINÉE
Almamya Rue KA 028, en face
du restaurant Le Cèdre
OKB agency BP 3470 Conakry
(00224) 657 20 85 08 / 664 28 91 96
harmattanguinee@yahoo.fr

L'HARMATTAN MALI
Rue 73, Porte 536, Niamakoro,
Cité Unicef, Bamako
Tél. 00 (223) 20205724 / +(223) 76378082
poudiougopaul@yahoo.fr
pp.harmattan@gmail.com

L'HARMATTAN CAMEROUN
BP 11486
Face à la SNI, immeuble Don Bosco
Yaoundé
(00237) 99 76 61 66
harmattancam@yahoo.fr

L'HARMATTAN CÔTE D'IVOIRE
Résidence Karl / cité des arts
Abidjan-Cocody 03 BP 1588 Abidjan 03
(00225) 05 77 87 31
etien_nda@yahoo.fr

L'HARMATTAN BURKINA
Penou Achille Some
Ouagadougou
(+226) 70 26 88 27

L'HARMATTAN SÉNÉGAL
10 VDN en face Mermoz, après le pont de Fann
BP 45034 Dakar Fann
33 825 98 58 / 33 860 9858
senharmattan@gmail.com / senlibraire@gmail.com
www.harmattansenegal.com

L'HARMATTAN BÉNIN
ISOR-BENIN
01 BP 359 COTONOU-RP
Quartier Gbèdjromèdé,
Rue Agbélenco, Lot 1247 I
Tél : 00 229 21 32 53 79
christian_dablaka123@yahoo.fr

Achevé d'imprimer par Corlet Numérique - 14110 Condé-sur-Noireau
N° d'Imprimeur : 120153 - Dépôt légal : juillet 2015 - *Imprimé en France*

www.ingramcontent.com/pod-product-compliance
Lightning Source LLC
LaVergne TN
LVHW021224061026
849535LV00008B/2904
* 9 7 8 2 3 4 3 0 6 9 6 2 3 *